비전공자도 볼 수 있는 최초의 딥러닝 입문서

쉬운 딥러닝

쉬운 딥러닝

초판 1쇄 발행 2021년 4월 21일
초판 2쇄 발행 2022년 2월 28일

지은이 | 반병현
펴낸이 | 김승기
펴낸곳 | (주)생능출판사 / **주소** 경기도 파주시 광인사길 143
브랜드 | 생능북스
출판사 등록일 | 2005년 1월 21일 / **신고번호** 제406-2005-000002호
대표전화 | (031)955-0761 / **팩스** (031)955-0768
홈페이지 | www.booksr.co.kr

책임편집 | 유제훈 / **편집** 신성민, 권소정 / **디자인** 유준범(표지), 디엔터(본문)
마케팅 | 최복락, 심수경, 차종필, 백수정, 송성환, 최태웅, 명하나
인쇄 | 천일문화사
제본 | 천일문화사

ISBN 978-89-7050-487-2 93000
값 20,000원

비전공자도 볼 수 있는 최초의 딥러닝 입문서

수학·통계를 몰라도 이해할 수 있는

반병현 지음

쉬운 딥러닝

생능북스

많은 전문가의 공통된 의견입니다. 하지만 저는 조금 다르게 생각합니다.

우리는 자동차에 대해 공부할 때 자동차를 만드는 방법이 아니라 자동차를 운전하는 방법을 공부합니다. 운전면허 시험 과목에는 유압 회로 설계 방법이나 엔진의 행정과정 도중 발생하는 열량 등의 세부적인 전문 지식은 포함되어 있지 않습니다.

세상을 바꾼 혁신적인 제품들은 하나같이 출시 당시에는 첨단 기술에 해당했습니다. 아이폰이 처음 등장했을 때 과연 사람들이 아이폰을 제조하는 방법에 관심이 있었을까요? 아니면 아이폰을 활용하는 방법에 관심이 있었을까요?

유독 딥러닝을 공부할 때는 기술을 활용하는 방법보다는 작동 원리나 수학적 배경을 반드시 공부해야 한다는 이야기가 나오는 것 같습니다. 기술을 연구하는 분들께서 연구자의 초점으로 지식을 전달하고 있기 때문입니다. 저는 이런 트렌드가 비효율적이라 생각합니다.

이 책은 철저하게 "딥러닝의 사용자"의 눈높이에서 설계되었습니다. 기초적인 딥러닝 기법을 체험해 보고, 직접 몇 가지 인공지능을 제작해 보는 과정을 소개합니다. 복잡한 수식이나 어려운 작동 원리에 집중하기보다는 더욱 손쉽게 딥러닝 인공지능을 설계하고 성능을 향상시키는 방법을 소개합니다.

딥러닝 지식이 실무에 필요한 기획자나 경영인, 첨단 기술의 활용 방법을 체험해 보고 싶은 비전공자, 그리고 딥러닝을 빠르게 익히고 체험해 보고 싶은 학생들에게 이 책이 큰 도움이 되리라고 생각합니다. 책에서 소개되는 방법으로 코드를 실행하기만 하면 독자 여러분의 컴퓨터에서 인공지능이 만들어집니다. 코드를 천천히 읽어보고, 학습에 사용한 데이터가 어떤 형태인지도 살펴보며 가벼운 마음으로 공부를 진행하시기 바랍니다.

또한 복잡하고 어려운 빅 데이터 전처리 작업을 대신 처리해주는 모듈이 모든 예제에서 제공됩니다. 코딩 실력이나 빅 데이터 관련 지식에 구애받지 않고, 첨단 기술을 자유롭게 익혀 보시기를 바랍니다.

이 책이 올해의 첫 번째 책이 될 것 같습니다. 새해에도 어려운 지식을 쉽게 전달하기 위해 노력하겠습니다. 부디 단 한 명의 독자에게라도 이 책이 도움이 되기를 바라며.

2021년 4월
저자 드림

인공지능(딥러닝)에 대해 지식이 없는 독자도 최대한 쉽게 이해할 수 있도록 설명하고 있습니다. 또한 파이썬 기초부터 실습을 위한 환경설정까지 상세히 설명하여 초보자도 쉽게 실습해볼 수 있습니다.

인공지능(딥러닝) 관련 이론을 먼저 설명한 후 주 내용은 실습 프로젝트 중심으로 구성하여 독자가 실습을 통해 인공지능(딥러닝) 기법의 동작 원리를 쉽게 이해할 수 있습니다.

이 책의 구성은 다음과 같습니다.

1편	코딩 관련 프로그램을 설치하고, 간단한 파이썬 코딩을 실습합니다. 또한 딥러닝을 위한 PC 환경도 구축합니다.
2편	딥러닝이 무엇인지, 그리고 인간의 뇌세포를 모방한 순방향 신경망(Feedforward Neural Network : FNN)이 무엇인지 알아보고 FNN 기법을 실습합니다.
3편	인간의 시각 처리를 모방한 합성곱 신경망(Convolutional Neural Network : CNN)이 무엇인지 알아보고 CNN 기법을 실습합니다.
4편	인간의 기억력을 모방한 LSTM(Long Short-Term Memory)이 무엇인지 알아보고 LSTM 기법을 실습합니다.

[더 알아보기]를 통해 더 깊은 내용의 관련 이론을 학습할 수 있습니다.

[프로젝트 응용하기]를 통해 독자가 본문에 수록된 실습 프로젝트를 응용하여 프로그래밍 해볼 수 있습니다.

[교사/교수회원 전용] 강의용 교안(ppt)을 생능출판사 홈페이지에서 다운로드할 수 있습니다.

생능출판사 홈페이지(https://booksr.co.kr/)에서 회원가입 후 '딥러닝'으로 검색 → 해당 도서명을 찾아 클릭 → [강의자료]에서 다운로드

파이썬 준비하기

인간의 뇌세포를 흉내 낸 인공지능 - FNN

인간의 기억력을 흉내 낸 인공지능 - LSTM

쉬운 딥러닝

※ 본문에서 사용된 예제 소스 파일은 생능출판사 홈페이지 혹은 저자의 홈페이지에서 다운로드
   할 수 있습니다.

① 생능출판사 홈페이지(https://booksr.co.kr)에서 '딥러닝'으로 검색 → 해당 도서명을 찾아 클릭 → [보조자료]에서 다운로드
② 저자의 관련 사이트(https://needleworm.github.io/bhban_ai/)에서 [전체 코드 다운로드]를 클릭해
   전체 예제 파일을 다운로드 받거나 개별 예제 파일을 다운로드
③ 저자의 관련 사이트(https://github.com/needleworm/bhban_ai)에서 [Code] 메뉴를 클릭 →
   [Download Zip] 메뉴를 클릭하여 다운로드

파이썬 준비하기

파이썬 개발환경 구축하기

우리는 딥러닝을 공부하기 위해 파이썬이라는 도구를 활용할 것입니다. 이번 장에서는 파이썬의 변종 중 하나인 아나콘다 파이썬과 유용한 몇 가지 보조 도구들을 설치하는 과정을 안내합니다.

파이썬이란?

파이썬은 쉽게 배울 수 있는 프로그래밍 언어입니다. C나 Java 같은 언어와 비교하면 습득 난도가 말도 안되게 낮은 편입니다. 쉽지만 강력합니다. 파이썬과 함께라면 못 할 것이 없습니다. 그래서일까요? 파이썬은 요즘 전 세계적으로 가장 주목받는 프로그래밍 언어입니다.

대부분의 머신러닝(기계학습) 전문가들과 딥러닝 전문가들이 파이썬을 사용하고 있습니다. 파이썬 자체도 무료로 사용할 수 있지만, 파이썬에서 사용할 수 있는 온갖 유용한 도구들이 무료로 공개되어 있기 때문입니다. 쉽고 강력한데 무료라니, 정말로 장점이 많은 도구입니다.

파이썬의 창시자는 귀도 반 로섬(Guido Van Rossum)입니다. 그가 1989년 크리스마스에 연구실에 출근했으나 문이 닫혀 있었다고 합니다. 할 일도 없고, 심심한 김에 프로그래밍 언어를 만들었습니다. 이게 바로 파이썬입니다.

이 책의 목표 역시 파이썬을 활용해 딥러닝을 공부하는 것입니다. 딥러닝은 굉장히 어려운 전문지식이지만 파이썬과 함께라면 쉽게 접근해 볼 수 있습니다. 자, 지금부터 파이썬을 활용하기 위해 컴퓨터를 세팅해 보겠습니다.

파이썬은 매력적인 언어입니다. 파이썬을 사랑하는 개발자들은 파이썬 하나로 다양한 일을 처리하기를 원했고, 직접 만든 유용한 도구들을 무료로 오픈하기 시작했습니다. 덕분에 파이썬은 매 순간 만능에 가까운 언어로 발전하고 있습니다.

하지만 C와 같은 언어에 비해 실행 속도가 느린 편이라는 단점도 있습니다. 따라서 특정 공학 분야에서는 코딩에 걸리는 시간을 단축하여 생각에 더 많은 시간을 투자하고 싶은 경우에는 파이썬을 활용하고, 코딩에 시간이 오래 걸리더라도 실행 결과를 빠르게 확인하고 싶은 경우에는 파이썬이 아닌 다른 언어를 활용하는 경향이 있었습니다.

현재는 C나 CUDA 같이 속도가 매우 빠른 언어로 제작한 파이썬 라이브러리들이 굉장히 많이 공개되어 있습니다. 여러분이 파이썬에서 편하게 코딩을 하면 보이지 않는 곳에서 C와 같이 빠르게 실행되는 언어가 고속으로 연산을 처리하는 방식입니다. 이런 도구를 활용하면 속도 문제를 상당 부분 해결할 수 있습니다.

이 책에서 주로 다룰 텐서플로(TensorFlow)와 케라스(Keras) 역시 이런 방식을 사용하여, 복잡한 딥러닝 연산을 고속으로 수행합니다.

2절 아나콘다 설치하기

파이썬에는 여러 종류의 변종이 있습니다. 아나콘다는 파이썬 플랫폼 중 하나로, 빅데이터 처리나 머신러닝 (기계학습), 딥러닝 등에 특화된 도구입니다. 아나콘다는 하나의 컴퓨터에서 여러 종류의 개발 환경이 충돌하지 않도록 도와주는 '가상 환경'이라는 기능을 제공하고, 라이브러리를 손쉽게 설치하도록 도와주는 '아나콘다 클라우드'를 제공합니다. 덕분에 많은 기업과 연구소에서 기본 파이썬이 아니라 아나콘다 파이썬을 활용합니다.

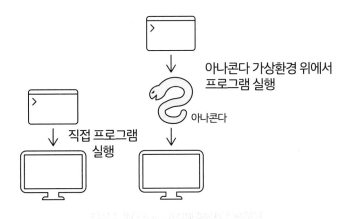

아나콘다 가상 환경을 활용하면 한 대의 컴퓨터에서 여러 가지 환경을 만들어 프로그램을 실행할 수 있습니다.

이 책에서는 실무 관련성을 확보하기 위해, 기본 파이썬 대신 실제로 필드에서 널리 사용되는 아나콘다 파이썬을 활용합니다. 이미 PC에 일반 파이썬이 설치되어 있다면 삭제하고 아래 안내를 따라 아나콘다를 설치하는 것을 권장합니다.

아나콘다 설치에 앞서 컴퓨터의 운영체제가 32bit와 64bit 중 어느 유형인지 확인해야 합니다. 64bit 컴퓨터는 32bit 컴퓨터보다 데이터 처리 능력이 훨씬 뛰어나므로, 64bit 컴퓨터를 사용하고 있다면 64bit용 소프트웨어를 설치하는 것이 유리합니다.

이 과정을 건너뛰기를 원한다면 앞으로 소개될 프로그램 설치 안내에서 〈32bit 유형〉을 선택하면 됩니다. 〈윈도우 키〉를 누르고 '시스템 정보'를 입력하면 시스템 정보 메뉴가 활성화됩니다. 이 메뉴를 클릭하면 새로운 창이 열리고, 잠시 뒤 화면의 오른쪽에 시스템의 정보가 표기됩니다. 위에서부터 살펴보면 '시스템 종류'라는 항목이 있습니다.

시스템 종류 항목에 'x64'라는 단어가 포함되어 있다면 64bit 유형 컴퓨터입니다. 'x64'가 표기되어 있지 않거나 'x86'이라고 기재되어 있는 경우 32bit 유형 컴퓨터입니다. 컴퓨터의 유형을 확인하였으니 이제 시스템 정보 창은 닫아도 됩니다.

③ 아나콘다 파이썬 설치

웹브라우저에 아래 주소를 입력하여 아나콘다의 공식 홈페이지로 이동합니다.

https://anaconda.com

〈Products〉 메뉴의 〈Individual Edition〉 메뉴를 클릭합니다.

〈Download〉 버튼을 클릭합니다.

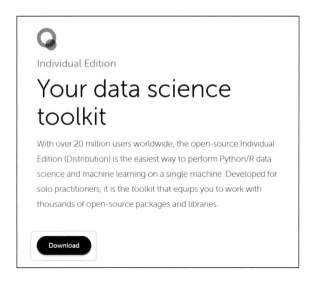

자신의 컴퓨터 운영체제에 맞는 설치 파일을 선택합니다. 컴퓨터가 32bit 유형이라면 〈32-Bit Graphical Installer〉 메뉴를 클릭하고, 64bit 유형이라면 〈64-Bit Graphical Installer〉 메뉴를 클릭하여 아나콘다 설치를 진행하면 됩니다.

아나콘다 설치 시 주의하실 점이 있습니다. 〈Advanced Option〉 탭에서 반드시 아래 그림과 같이 〈Add Anaconda3 to my PATH environment variable〉 메뉴를 체크해야 합니다.

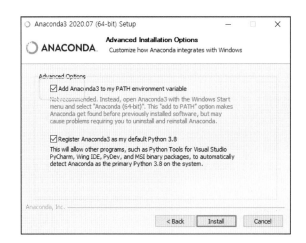

설치가 완료되었다면 〈윈도우 키〉와 R 키를 함께 눌러 〈실행〉 서비스를 실행하고, 여기에 아래 그림과 같이 'cmd'를 입력하고 확인을 클릭합니다. 까만 창이 실행될 것입니다. 여기에 python을 입력하고 엔터키를 칩니다. 아래와 같은 문구가 출력되고, 화면에 'Anaconda'라는 단어가 포함되어 있다면 아나콘다의 설치가 정상적으로 완료되었습니다.

```
Python 3.8.3 (default, Jul  2 2020, 17:30:36) [MSC v.1916 64 bit (AMD64)] ::
Anaconda, Inc. on win32
Type "help", "copyright", "credits" or "license" for more information.
>>>  _
```

화면에 아래와 같이 'print("Hello, World!")'라고 입력해봅시다. 이때 괄호와 따옴표까지 함께 입력하셔야 합니다.

```
>>>  print("Hello, World!")
'Hello, World!'
>>>  _
```

print( )는 화면에 글자를 출력하는 데 사용하는 명령어입니다. 여러분은 방금 파이썬 인터프리터에게 "화면에 Hello, World! 라는 문자를 출력하라."라는 명령을 내렸고, 컴퓨터가 이 명령을 멋지게 수행했습니다! 축하합니다. 여러분의 첫 코딩입니다! 아나콘다 설치는 마무리되었으니 까만 창을 종료해도 좋습니다.

인터프리터가 무엇인가요?

혹시 "컴퓨터는 1과 0밖에 모른다."는 이야기를 들어보셨나요? 앞서 우리는 컴퓨터에 1과 0이 아니라 영어로 명령을 전달했는데, 컴퓨터가 어떻게 우리의 명령을 이해한 것일까요?

사람의 명령을 컴퓨터의 언어로 번역해 주는 인터프리터(interpreter) 덕분입니다. 영어단어 interpreter는 한국어로 번역가라는 뜻입니다. 파이썬에는 인터프리터가 내장되어 있어, 사용자의 명령을 컴퓨터의 언어로 번역해 전달해 줍니다. 인터프리터 덕분에 우리가 편하게 코딩을 할 수 있는 것입니다.

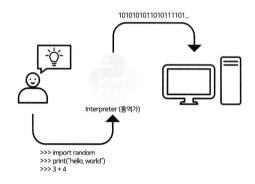

인터프리터는 인간과 컴퓨터를 이어주는 통역가입니다.

3절 파이참과 Git 설치하기

PyCharm 설치

아래 주소를 입력하여 젯브레인 공식 홈페이지로 이동합니다.

https://www.jetbrains.com/ko-kr/pycharm/download/

Professional 버전과 Community 버전이 있습니다. 무료 버전인 Community 버전을 다운로드합니다. 버튼을 누르면 잠시 뒤 설치 파일 다운로드가 시작됩니다. 다운로드가 완료되면 설치 파일을 실행하여 파이참 설치를 진행합니다.

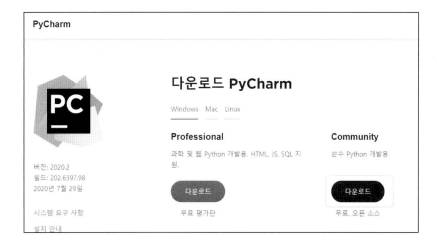

설치 과정에서 아래 그림과 같이 〈Update context menu〉와 〈Create Associations〉 메뉴를 체크합니다.

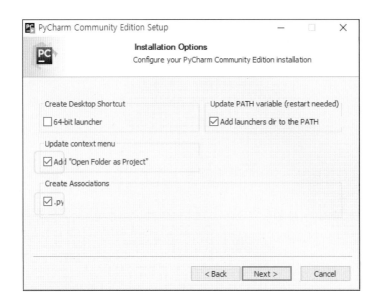

파이참 설치가 완료되면 파이참을 실행합니다. 파이참을 처음 실행하면 아래 그림과 같이 테마를 선택할 기회가 주어집니다. 취향에 따라 어두운 테마와 밝은 테마를 선택하면 됩니다. 코딩 중에는 장시간 모니터를 바라볼 수밖에 없으므로, 어두운 테마를 선택해 눈의 피로를 조금이나마 덜어주는 것을 추천합니다.

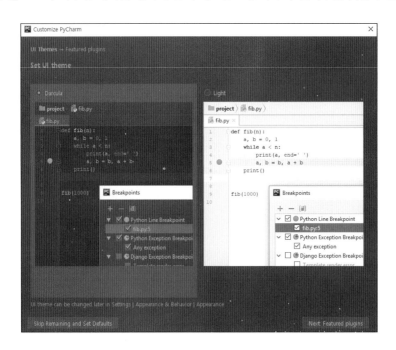

웹브라우저에 아래 주소를 입력하여 Git for Windows 공식 홈페이지로 이동합니다.

https://gitforwindows.org/

아래 그림과 같이 Download 버튼을 클릭하면 설치 프로그램이 다운로드됩니다. 다운로드가 완료되면 설치 프로그램을 설치하여 Git for Windows 설치를 마무리합니다.

파이참과 Git 설치가 완료되었다면 바탕 화면에서 마우스 오른쪽 버튼을 클릭해봅니다. 아래 그림과 같이 〈Git Bash Here〉와 〈Open Folder as PyCharm Community Edition Project〉 메뉴가 새로이 생겨났다면 설치가 성공적으로 완료된 것입니다.

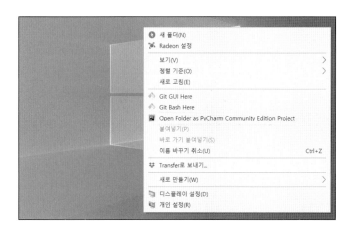

IDE

앞서 까만 창에서 하얀 글자로 코딩을 해 봤습니다. 한두 줄의 코드를 처리하기에는 불편함이 없지만, 대량의 코드를 효율적으로 편집하는 데에는 적합하지 않은 방식입니다. 조금 더 편리한 환경에서 코드를 작성하기 위해 IDE를 활용하는 것이 일반적입니다.

IDE는 Integrated Development Environment의 약자로, 한국어로는 '통합 개발 환경'이라고 합니다. 말 그대로 프로그램 개발에 필요한 온갖 기능들을 한 군데 통합해 둔 유용한 소프트웨어입니다. IDE를 활용하면 복잡한 코드도 더욱 쉽게 작성할 수 있게 됩니다.

2장

딥러닝을 위한 파이썬 기초학습

이번 장에서 딥러닝을 공부하는 데 필요한 모든 파이썬 기술을 배워봅니다. 딥러닝 연구를 수행하고, 세상에 없던 인공지능을 발명하려면 파이썬에 대해 많이 알아야 합니다. 하지만 이 책을 활용해 딥러닝을 공부하는 데에는 파이썬 지식이 많이 필요하지 않습니다. 딱 필요한 만큼만 가볍게 파이썬을 배워봅시다.

1절 사칙연산 | **2절** 변수 | **3절** 자료형 | **4절** 함수

사칙연산

파이참을 실행하면 아래 그림과 같은 메뉴가 제공됩니다. 이 중 〈+ New Project〉 메뉴를 클릭합니다.

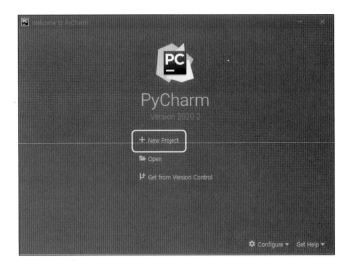

메뉴에서 인터프리터를 선택해야 합니다. 위 그림과 같이 〈Existing interpreter〉 메뉴를 클릭한 다음, 우측의 〈...〉 버튼을 클릭합니다.

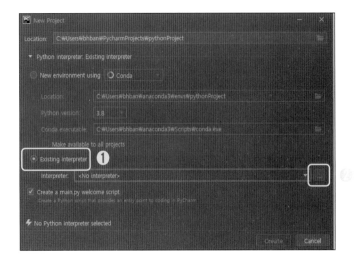

팝업창에서 좌측의 〈System interpreter〉를 선택하고 OK를 클릭합니다. 팝업창이 닫히면 하단의 〈Create〉 버튼을 클릭합니다. 잠깐 시간이 지나면 화면의 로딩이 완료됩니다.

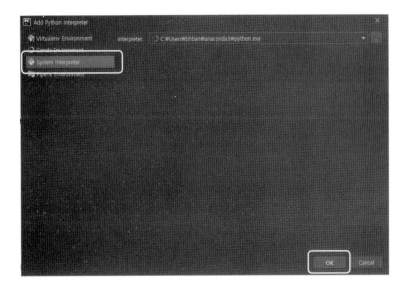

아래 그림과 같은 팝업창이 나타날 수 있습니다. 하단의 〈Don't show tips〉를 체크하고 〈Close〉 버튼을 클릭합니다. 화면의 우측 하단을 보면 아래와 유사한 문구와 함께 로딩 바가 표기되어 있을 것입니다.

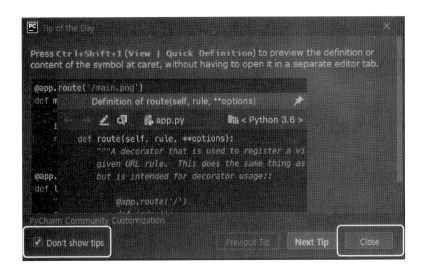

Indexing Python SDK 'Python 3.8'   Show All (2)

파이참의 첫 실행 시에는 완전한 로딩을 위해 몇 분의 시간이 소요될 수 있습니다. 로딩 중에도 코드 편집은 가능합니다.

초기에는 위 그림과 같이 샘플 코드가 기재되어 있습니다. 이 코드를 모두 지워버립시다. 그리고 아래와 같이 새로운 코드를 입력합니다.

```
1  print("Hello, World!")
```

"Hello, World!" 부분만 글자의 색이 녹색으로 변할 것입니다. 파이참은 문법에 따라 코드의 여러 부분을 알록달록하게 표현해 줍니다. 덕분에 가독성이 높아집니다. 파이참에서 바로 코딩을 이어나가고 싶지만, 아직 로딩이 덜 되었을 것이므로 파이참 창을 최소화하고 로딩을 기다리도록 하겠습니다.

② CMD를 통한 파이썬 인터프리터 실행

〈윈도우〉 + 〈R〉 키를 눌러 〈실행〉 창을 띄우고, 여기에 'cmd'라고 입력하고 엔터키를 누릅니다. 앞서 살펴본 까만색 창이 실행될 것입니다. 이번에는 이 창에 python이라고 입력하고 엔터키를 칩시다. 파이썬 인터프리터를 실행하는 편한 방법의 하나입니다.

```
Python 3.8.3 (default, Jul  2 2020, 17:30:36) [MSC v.1916 64 bit (AMD64)] ::
Anaconda, Inc. on win32
Type "help", "copyright", "credits" or "license" for more information.
>>>  _
```

산수의 가장 기본이 되는 덧셈, 뺄셈, 곱셈, 나눗셈 네 가지 연산을 사칙연산이라 부릅니다. 파이썬에서 사칙연산을 해 보겠습니다. 아래와 같이 화면에 3 + 4를 입력하고 엔터키를 눌러 보겠습니다.

```
>>>   3 + 4
7
```

순식간에 계산이 실행되어 화면에 결과가 출력됩니다. 위쪽 화살표 키를 한번 눌러 봅시다.

```
>>>   3 + 4
7
>>>   3 + 4
```

위쪽 화살표 키를 누르면 최근에 입력한 코드를 다시 입력할 수 있습니다. 숫자를 바꿔 가며 덧셈을 몇 번 더 연습해보기 바랍니다.
그렇다면 뺄셈은 어떨까요? 적당한 숫자를 골라 덧셈과 비슷한 요령으로 뺄셈을 수행해봅시다.

```
>>>   7 - 9
-2
```

뺄셈 또한 순식간에 완료됩니다. 음수의 표현까지 완벽합니다. 숫자를 바꿔 가며 뺄셈을 몇 번 더 연습해보기 바랍니다.

곱셈과 나눗셈도 실행해 보겠습니다. 곱셈은 '*'표시를 연산자로 활용하고, 나눗셈은 '/'표시를 연산자로 활용합니다.

```
>>>   3 * 4
12
>>>   3 / 4
0.75
```

숫자를 바꿔 가며 곱셈과 나눗셈도 조금 더 연습해보기 바랍니다. 사칙연산이 익숙해졌다면 이번에는 조금 더 복잡한 연산도 수행해 보겠습니다. 컴퓨터는 동시에 여러 개의 연산도 처리할 수 있습니다. 다음과 같이 말입니다.

```
>>>   3 + 4 + 5 + 6 + 7 + 8 + 9
42
>>> 5 - 4 + 2 - 3 + 6
6
>>> 3 + 4 * 2
11
>>> 10 / 5 + 2 * 4
10.0
```

아래 예시와 같이 사칙연산에서 괄호도 인식할 수 있습니다.

```
>>>   (1 + 2 + 3) * 4 + 5
29
```

파이썬을 활용한 사칙연산을 공부해 봤습니다. 그런데 사실 사칙연산만 공부한 것이 아닙니다. 여러분은 파이썬 인터프리터와 대화하고, 컴퓨터에게 명령을 내리는 방법을 공부한 것입니다.

더 알아보기

인터프리터를 통한 컴퓨터와의 대화

파이썬 인터프리터에서 엔터키를 누르면 화면에 입력된 명령이 실행됩니다.
이 과정은 사실 인터프리터를 통한 컴퓨터와의 대화입니다. 인터프리터는 코드를 컴퓨터가 이해할 수 있는 형태로 번역하여 컴퓨터에 전달하고, 컴퓨터는 전달받은 명령을 수행하여 결과를 출력합니다. 컴퓨터가 출력한 결과는 또다시 인터프리터에 전달되어, 우리가 이해할 수 있는 형태로 화면에 출력됩니다.
엔터키를 누르는 행위를 통해, 인터프리터를 사이에 두고 여러분과 컴퓨터가 대화를 나눈 것입니다.

2절 변수

명령 프롬프트(cmd 창)에서 파이썬 인터프리터를 공부하는 동안 파이참의 로딩이 거의 끝났을 것입니다. 까만 창을 종료하고 파이참으로 돌아옵시다.

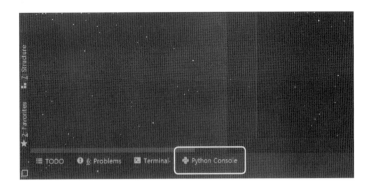

로딩이 모두 완료되었다면 화면의 좌측 하단을 잘 살펴봅시다. 위 그림과 같이 〈Python Console〉이라는 메뉴를 발견할 수 있을 것입니다. 이 메뉴를 클릭합니다. 몇 초간 시간이 지나면 화면 하단에서 새로운 창이 올라오며, 아래와 같이 파이썬 인터프리터가 실행됩니다.

```
Python 3.8.3 (default, Jul  2 2020, 17:30:36) [MSC v.1916 64 bit (AMD64)]

In[2]:
```

이제 파이참을 활용할 준비가 모두 끝났습니다. 화면 위쪽을 살펴봅시다. 아까 입력해 둔 코드가 그대로 남아 있을 것입니다.

```
1       ("Hello, World!")
```

코드 창에서 〈Ctrl〉 + 〈A〉 키를 누릅니다. 화면에 표시된 모든 글자가 선택됩니다. 이후 〈Ctrl〉 + 〈C〉 키를 눌러 화면의 모든 글자를 복사합니다. 이 상태에서 하단의 파이썬 콘솔 창을 클릭하고, 〈Ctrl〉 + 〈V〉 키를 눌러 선택된 모든 글자를 붙여넣고 엔터키를 칩니다.

```
Python 3.8.3 (default, Jul 2 2020, 17:30:36) [MSC v.1916 64 bit (AMD64)]

In[2]: print("Hello, World!")
Hello, World!

In[3]: _
```

정상적으로 코드가 실행되는 것을 확인할 수 있습니다. 이 외에도 코드를 실행하는 방법들이 있습니다만, 딥러닝 연습이라는 측면에서는 이 방법이 가장 유용한 방법이므로 다른 방법은 소개하지 않습니다. 결론적으로 코드 편집은 위의 창에서 하고, 실행은 아래의 콘솔에서 진행합니다.

② 변수

파이썬에는 〈변수〉라는 개념이 존재합니다. 변수는 데이터를 저장해 두는 그릇과도 같은 존재입니다. 변수에는 이름을 붙일 수 있고, 내용물을 저장할 수도 있습니다. 지금부터 변수를 하나 만들어 보겠습니다. 파이참 하단의 파이썬 콘솔에서 아래 코드를 실행합니다.

```
In[3]: count = 1
```

이번에는 화면에 아무런 내용도 출력되지 않았을 것입니다. 이번에는 아래 코드를 실행합니다.

```
In[4]: print(count)
1
```

화면에 숫자 1이 출력되었습니다. 다음 코드도 실행해봅시다.

```
In[5]: count = 2
In[6]: print(count)
2
```

이번에는 숫자 2가 출력되었습니다. 왜 처음에는 1이 출력되었다가, 이번에는 2가 출력될까요? In[3]과 In[5]의 코드를 유심히 살펴보기 바랍니다.

```
In[3]: count = 1
```

위 코드의 의미는 다음과 같습니다.

"count라는 변수를 만들고, 그 안에 1이라는 값을 저장하라."
파이썬에서 변수를 생성하는 방법은 위와 같습니다. 등호(=)를 사이에 두고 왼쪽에는 변수의 이름을, 오른쪽에는 변수에 입력할 데이터를 기재하면 변수가 만들어집니다.

```
In[5]: count = 2
```

위 코드는 "count라는 변수에 2를 저장하라."라는 뜻입니다. 한자어 변수는 변할 수 있는 수치라는 뜻입니다. 마찬가지로 파이썬의 변수에 저장된 값 또한 변경할 수 있습니다. 처음에는 count라는 변수에 1이 저장되어 있었습니다만 위 코드가 실행되면 count 변수에 저장된 값은 2로 바뀝니다.

이번에는 변수를 하나 더 만들어 보겠습니다.

```
In[7]: num = 5
In[8]: print(count + num)
7
```

num이라는 변수를 새로 만들어 숫자 5를 저장하고, count와 num의 덧셈을 했습니다. 파이썬에서는 숫자와 숫자 사이 사칙연산을 직접 수행할 수도 있지만, 위와 같이 변수에 숫자를 저장한 다음 변수끼리 연산을 수행할 수도 있습니다.

상수

수학에서도 변수와 상수가 있듯이, 파이썬에서도 변수와 상수가 있습니다. 한자어 상수는 변하지 않는 값이라는 뜻입니다. 우리가 앞서 사용한 숫자들이 바로 상수에 해당합니다. 상수에 대해서는 깊게 공부하지 않으셔도 됩니다.

변수와 상수의 연산

이번에는 변수와 상수 사이의 연산을 수행해 보겠습니다. 아래 코드를 실행해봅시다.

```
In[9]: print(count + 9)
11
```

변수인 count와 상수인 9 사이의 덧셈이 성립하는 것을 확인할 수 있습니다. 덧셈뿐 아니라 곱셈과 나눗셈도 모두 가능합니다. 이는 변수의 성질 때문입니다. 변수는 데이터를 담아두는 그릇입니다. 파이썬에서 변수를 대상으로 연산을 수행하면, 변수 그 자체가 아니라 변수라는 그릇에 담겨있는 데이터에 연산이 수행됩니다. 따라서 변수의 이름보다는 그 변수에 어떤 값이 저장되어 있는지가 훨씬 중요합니다.

자료형

파이썬 콘솔의 초기화

자료형에 관하여 공부하기에 앞서 파이썬 콘솔을 초기화하도록 하겠습니다.
파이참의 파이썬 콘솔 창 좌측을 보면 구부러진 녹색 화살표가 있습니다. 이 버튼을 클릭하면 파이썬 콘솔이
재실행되면서 기존에 작업하던 데이터가 모두 초기화됩니다. 버튼을 눌러 줍시다.

```
Python Console
  Python 3.8.3 (default, Jul  2 2020, 17:30:36) [MSC v.1916 64 bit (AMD64)]
  Type 'copyright', 'credits' or 'license' for more information
  IPython 7.16.1 -- An enhanced Interactive Python. Type '?' for help.
  PyDev console: using IPython 7.16.1

  Python 3.8.3 (default, Jul  2 2020, 17:30:36) [MSC v.1916 64 bit (AMD64)] on win32

  In[2]:
```

숫자의 자료형

파이썬 인터프리터가 재실행되면 아래와 같이 가벼운 사칙연산을 몇 개 수행해 봅니다.

```
In[2]: 3 + 4
Out[2]: 7
In[3]: 3 - 4
Out[3]: -1
In[3]: 10 * 2
Out[3]: 20
In[4]: 10 / 2
Out[4]: 5.0
```

사칙연산이 잘 작동합니다. 그런데 다른 연산에 비해 나눗셈의 결과에만 소수점이 붙어있습니다. 파이썬에서
5와 5.0의 차이는 무엇일까요?

5나 20과 같이 소수점이 붙어있지 않은 숫자를 정수(integer)라고 부릅니다. 파이썬은 정수를 int로 표기합니다. 반면 파이썬에서는 소수점이 붙어있는 숫자를 float이라 표기합니다. 파이썬에서는 데이터의 자료형(type)을 분석하기 위한 type( )이라는 도구가 있습니다. 한 번 아래와 같이 코드를 실행하여 여러 숫자의 자료형을 분석해 보겠습니다.

```
In[5]: type(3)
     : int
In[6]: type(3.0)
     : float
In[7]: type(3.0 + 2.0)
     : float
In[8]: type(3 + 2.0)
     : float
```

정수는 int로, 소수는 float로 표기되는 것을 확인할 수 있습니다. 마지막 줄에 주목합시다. 여기서는 int인 3과 float인 2.0을 더하고 있으며, 그 결과는 float로 표기됩니다. 그 이유는 int가 소수점 정보를 표현할 수 없기 때문입니다.

3.14라는 데이터를 int로 표현하면 3이 됩니다. 소수점을 표현할 수 없으므로 0.14라는 데이터가 소실됩니다. 이런 문제를 방지하기 위하여 파이썬은 int와 float 사이의 사칙연산 결과는 float로 만들어버립니다. 파이썬에서 숫자 자료형은 정수(int)와 소수(float)만 알면 충분합니다.

우리는 print("Hello, world!")를 실행하며 글자도 다루어 보았습니다. 파이썬에서 글자는 스트링(str)이라는 자료형으로 표현됩니다. 코드를 한 번 실행해 확인해 보겠습니다.

```
In[9]: type("Hello, World!")
      : str
In[10]: type("A")
       : str
In[11]: type("안녕")
       : str
```

"파이썬은 문자를 str이라는 자료형으로 표현한다." 정도만 기억하면 되겠습니다.

파이썬의 자료형

이 책에서는 데이터를 읽어와 가공하는 단계를 대신 처리해 주는 모듈을 제공하고 있으므로, 딥러닝 예제 코드를 이해하는 데에는 int와 float, str 정도만 알면 충분합니다.

이 책에서 사용된 딥러닝 예제를 공부하는 것뿐만 아니라, 데이터를 불러와 가공하는 모듈을 직접 제작하여 직접 새로운 인공지능을 제작해 보고 싶다면 아래 자료형들에 관한 추가적인 공부가 필요합니다.

uint8	int의 일종으로, unsigned int – 8bit의 약자입니다. 음수를 표현할 수 없으며, 2의 8제곱인 256개의 정수를 표현할 수 있습니다. 0부터 255까지의 정수를 표현할 수 있으며, 주로 jpg 이미지의 색상 표현을 위해 사용합니다.
list	데이터들을 모아둔 목록 같은 형태입니다. 리스트 내부에는 여러 개의 데이터를 입력할 수 있으며, 리스트에 저장된 데이터를 뽑아내는 것 역시 가능합니다. 리스트 안에 입력된 데이터에는 순번이 부여됩니다.
bool	참 또는 거짓을 표현하기 위해 사용하는 변수입니다. True 또는 False로 표현됩니다.
ndarray	numpy라는 라이브러리에서 제공하는 자료형으로, 주로 행렬이나 텐서(tensor)와 같은 고차원의 복잡한 데이터를 손쉽게 다루기 위한 용도로 사용합니다.

4절 함수

우리는 초등학교에서 함수에 대한 개념을 처음 배웠습니다. 한자어 함수(函數)의 함은 상자를 의미합니다. 아래와 같은 상자 그림을 본 기억이 있을 것입니다.

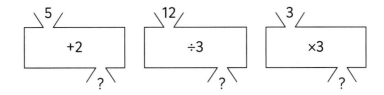

1번 함수는 입력값에 2를 더하고, 2번 함수는 입력값을 3으로 나누며, 3번 함수는 입력값에 3을 곱하여 그 결괏값을 출력합니다. 물음표에 해당하는 숫자는 각각 7, 4, 9입니다.

초등학교 수학 교과는 함수를 배우기 위한 준비운동이며, 중학교 수학은 함수 자체를 배우고, 고등학교 수학은 복잡한 함수와 함수의 미적분을 공부합니다. 사실상 공교육 수학 교과는 함수를 공부하기 위해 존재한다고 봐도 과언이 아닙니다. 코딩에서도 함수는 굉장히 중요합니다.

파이썬은 복잡한 과정을 단순화하기 위한 용도로 함수를 사용합니다. 예시를 살펴보겠습니다.

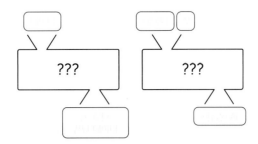

실제로 이 책의 예제에서 사용할 함수를 그림으로 표현해 봤습니다. 함수의 입력과 출력은 기재되어 있으나 함수 내부에서 일어나는 일은 물음표로 표시되어 있습니다. 이런 함수가 있다면 어떨까요? 작동 원리는 잘 모르겠지만 전처리가 끝난 데이터도 만들어 주고, 학습된 AI도 만들어 주는 신기한 상자입니다. 이런 상자가 있다면 그냥 가져다 사용하면 되겠지요.

원하는 작업을 뚝딱 처리해 주는 요술 같은 상자, 이게 바로 파이썬의 함수입니다. 함수를 설계하는 사람은 작동 원리를 깊게 고민해야겠지만, 남이 만들어 놓은 함수를 사용할 때에는 작동 원리를 몰라도 좋습니다. 이게 바로 오픈 소스 생태계의 장점 중 하나입니다.

이 책의 딥러닝 예제에서 여러분은 새로운 함수를 만들지 않아도 좋습니다. 여러분은 세계 각지의 프로그래머들과 저자가 만든 함수를 가져와 사용하기만 하면 됩니다.

괄호가 붙어있으면 함수입니다

사실 여러분은 이미 함수를 사용해 본 적이 있습니다. 화면에 글자를 출력하기 위해 사용했던 print( ) 명령어와 데이터의 자료형을 분석하기 위해 사용했던 type( ) 명령어가 바로 함수의 일종입니다. 두 명령어의 특징은 괄호가 붙어있다는 점입니다. 괄호가 붙어있으면 함수입니다.

앞서 살펴본 함수 그림을 자세히 살펴보기 바랍니다. 상자 윗부분에 〈입력〉을 위한 공간이 있습니다. 파이썬 함수에서는 괄호가 〈입력〉을 위한 공간 역할을 수행합니다. 설명을 위해 아래 코드를 파이썬 콘솔에서 실행해 보겠습니다.

```
In[2]: print("Hello, World!")
'Hello, World!'
```

print( )라는 함수가 있습니다. 이 함수의 괄호 안에 입력할 데이터를 삽입합니다. 위 코드에서는 "Hello, World!"라는 str 데이터를 삽입했습니다. 원리는 모르겠지만 이 함수가 실행되면 화면에 'Hello, World!'라는 글자가 출력됩니다. print( ) 함수를 그림으로 그려보면 아래와 같습니다.

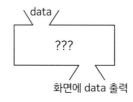

매우 유용한 함수입니다만, 저자도 print( ) 함수의 작동 원리를 잘 모릅니다.

여러분들은 앞으로 print( )나 type( ) 외에도 다양한 함수를 만나고, 사용해 볼 것입니다. 작동 원리를 몰라도 좋습니다. 유용하게 사용할 수 있으면 그것으로 충분합니다.

함수를 직접 만드는 방법

파이썬에서 함수를 만들 때는 def 명령어를 사용합니다. 예를 들어 '입력받은 숫자에 2를 곱하는 함수'는 아래와 같이 만들 수 있습니다.

```
1      double(x):
2          x * 2
```

def는 define의 약자로, '지금부터 함수를 정의하겠습니다.'라는 의미 정도로 받아들이면 됩니다. def 뒤에는 함수의 이름을 기재합니다. 위 예시에서는 함수의 이름을 double이라 정했습니다. 이후 괄호를 입력하고 인수를 입력합니다. 인수는 이 함수가 입력받고자 하는 변수입니다. 위 예시에서는 x라는 인수를 입력받습니다. 사용자가 이 함수에 입력한 데이터를 x라는 이름이 붙은 그릇에 담아 활용하겠다는 뜻입니다. 2번째 줄에서는 return이라는 문자가 등장합니다. return은 함수 상자 그림의 출력부에 해당하는데요, return 뒤에 기재된 데이터를 함수 밖으로 뱉어내며 함수를 종료시킵니다. 위 예시의 경우 x * 2라는 값을 함수 밖으로 뱉어내며 함수를 종료시킵니다. 위 함수를 그림으로 표현하면 아래와 같습니다.

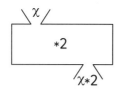

함수를 사용하려면 파이썬 인터프리터에서 함수를 실행하면 됩니다. 한 번 함수를 실행해 보겠습니다. 위 코드를 복사하여 파이썬 콘솔에 붙여넣습니다. 그리고 엔터키를 한 번 더 눌러줍시다.

```
In[2]: def double(x):
   ...:     return x * 2
   ...:
```

함수의 정의가 완료되었습니다. 아래와 같이 함수를 불러와 사용해봅시다.

```
In[3]: double(2)
     : 4
```

축하합니다. double( ) 함수가 정상적으로 작동합니다.

파이썬에서 함수를 제작하는 것은 여러 줄의 복잡한 코드를 한 덩어리로 압축하는 것과 비슷한 느낌입니다. 우선은 코딩 자체에 익숙해지는 것이 가장 중요한 일입니다. 처음에는 원하는 기능을 구현하기 위한 코드를 직접 구현하고 이를 하나의 함수로 압축하는 방식으로 함수를 만들면 쉽습니다. 실력이 조금 더 발전한다면 함수의 입력과 출력 구조를 머릿속에서 미리 설계하고 바로 함수를 제작할 수 있습니다.

함수 중에는 '메소드', '재귀함수', '익명 함수'등 특별한 종류의 함수들도 존재합니다.

'메소드'는 '클래스'라는 도구를 활용하기 위해 '클래스' 내부에서 정의된 특별한 함수입니다. '재귀함수'는 함수 내부에서 자기 자신을 또다시 호출하는 함수입니다. '익명 함수'는 식별자에 바인딩되지 않은 특별한 함수 정의 방식으로, 코드를 조금 더 간결하게 만드는 데 사용하는 어려운 개념입니다.

3장

딥러닝을 위한 환경 구축하기

딥러닝은 굉장히 복잡하고 어려운 통계 기법입니다. 모든 연산과정을 일일이 코딩해야 한다면 AI를 하나 만드는 데 몇 달이 걸릴 수도 있습니다. 하지만 구글을 비롯한 대인배들이 딥러닝 프레임워크를 무료로 배포하고 있습니다. 이런 오픈 소스 라이브러리를 활용하면 간단한 인공지능을 10분 만에도 만들 수 있습니다. 이번 장에서는 딥러닝을 위한 라이브러리와 이 책의 예제 코드를 설치해 보도록 하겠습니다.

GPU 활용을 위한 환경 구축하기

GPGPU

GPU는 그래픽카드의 핵심 부품으로서, 주로 모니터 화면에 출력될 정보를 계산하는 데 사용하는 장치입니다. GPU는 단순한 연산을 대량으로 처리하는 데 유리합니다. 덕분에 GPU를 영상 출력이 아니라 다른 분야의 연산에도 사용하려는 시도가 있었고, 이런 기술을 GPGPU라고 부릅니다.

딥러닝은 대량의 단순 연산을 처리하는 행위이므로, GPU를 활용하면 훨씬 짧은 시간에 AI를 만들 수 있습니다. GPU 기술의 발전에 힘입어 딥러닝 기술이 눈부시게 발전할 수 있었습니다.

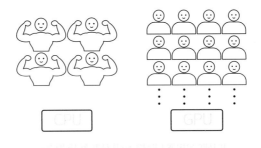

딥러닝에 활용할 수 있는 GPU

NVIDIA사에서 제작한 최신 GPU는 대부분 딥러닝에 활용할 수 있습니다. 딥러닝 공부를 위하여 새로운 GPU 구매를 고려하고 있다면 NVIDIA의 제품군을 구매하면 됩니다. 혹시 컴퓨터에 그래픽카드가 장착되어 있다면 딥러닝 공부에 활용 가능한 제품인지 간단히 확인할 수 있습니다.

〈윈도우〉 키를 누르고 '장치 관리자'를 검색합니다. 장치 관리자 메뉴가 활성화되면 클릭하여 실행합니다.

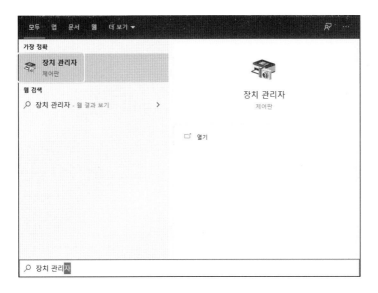

장치 관리자 창에서 〈디스플레이 어댑터〉 메뉴를 클릭합니다. 하위에 〈NVIDIA ~〉로 시작하는 항목이 없다면 이 컴퓨터에는 딥러닝에 활용할 수 있는 GPU가 부착되어 있지 않다는 의미입니다. 〈NVIDIA ~〉로 시작하는 항목이 있다면 상세한 기종 명을 따로 메모해둡시다.

③ GPU가 없거나 사용하지 않으려면

컴퓨터에 장착된 GPU가 없거나 GPU를 딥러닝에 사용할 계획이 없다면 이번 절의 나머지 내용은 건너뛰어도 좋습니다.

④ NVIDIA 그래픽 드라이버 설치

아래 주소로 접속하여 NVIDIA의 공식 홈페이지의 다운로드 센터로 이동합니다. 앞서 메모해둔 기종 명을 참고하여 그래픽 드라이버를 설치합니다. 설치가 끝나면 컴퓨터를 한 차례 재부팅해 줍니다.

https://www.nvidia.co.kr/Download/index.aspx?lang=kr

⑤ 텐서플로 호환 소프트웨어 버전 확인

아래 주소로 접속하여 텐서플로 공식 홈페이지로 이동합니다.

https://www.tensorflow.org/install/gpu

웹페이지가 영어로 되어 있다면 페이지의 우측 상단의 언어 메뉴를 탐색하여 언어를 한국어로 변경합니다.

언어 설정을 마무리했다면 페이지의 우측 상단에 있는 목차에서 〈소프트웨어 요구사항〉을 클릭합니다.

아래 그림과 같이 텐서플로 최신 버전과 호환이 되는 소프트웨어 버전들을 확인할 수 있습니다. 여기에서 〈CUDA Toolkit〉과 〈cuDNN SDK〉의 버전을 확인합니다. 이 책을 작성 중인 현재 시점으로 각각 10.1과 7.6 버전입니다.

CUDA Toolkit 설치

CUDA Toolkit은 NVIDIA 그래픽 드라이버의 고속 연산을 위한 도구입니다. 아래 주소로 이동하여 NVIDIA 의 CUDA Toolkit 아카이브로 접속합니다. 하단의 〈Archived Releases〉 항목을 확인하여, 앞서 텐서플로 홈페이지에서 확인한 버전과 일치하는 항목을 선택합니다.

https://developer.nvidia.com/cuda-toolkit-archive

이 책의 작성 시점을 기준으로 CUDA Toolkit 10.1 버전과 호환이 된다고 안내되었으므로, 10.1 버전 중 최신 버전인 〈CUDA Toolkit 10.1 update2〉 버전을 설치하겠습니다. 다음 그림과 같이 버전 명을 클릭합니다.

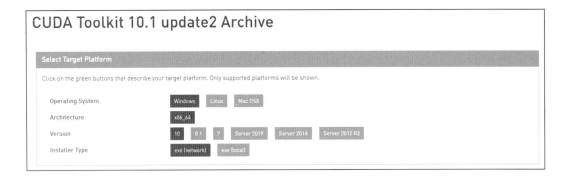

다운로드 페이지로 이동하면 컴퓨터의 운영체제에 맞는 버전을 선택합니다. 윈도우 10을 사용하는 경우 순서대로 〈Windows〉, 〈10〉을 클릭하면 됩니다. 하단의 Installer Type은 아무것이나 클릭해도 좋습니다만, 〈exe (network)〉 항목의 용량이 조금 더 적기 때문에 이 항목을 선택하겠습니다.

선택이 모두 끝났다면 하단 메뉴에서 〈Download〉 버튼을 클릭해 설치를 진행합니다. 설치 파일 다운로드가 끝나면 더블클릭하여 설치를 진행할 수 있습니다.

아래 링크로 접속하여 NVIDIA의 공식 cuDNN 설치 페이지로 이동합니다. 페이지 중앙의 〈Download cuDNN〉 버튼을 클릭하면 로그인 페이지로 이동합니다. NVIDIA Developer 계정이 있다면 〈Login〉 버튼을 눌러 로그인을 수행하고, 계정이 없다면 〈Join now〉 버튼을 클릭해 계정을 새로이 만듭니다.

https://developer.nvidia.com/cudnn

로그인 후 다시 다운로드 페이지로 이동하면 아래 사진과 같이 cuDNN Download 메뉴가 실행됩니다. 체크박스에 체크하고 스크롤을 끝까지 내린 다음 〈Archived cuDNN Release〉 메뉴를 클릭합니다.

cuDNN 아카이브 화면에서 앞서 확인한 적정 버전을 확인합니다. 책의 작성 시점에서 cuDNN의 적정 버전은 7.6이므로 7.6 버전 중 최신인 v7.6.5를 설치하겠습니다. 앞서 설치한 CUDA Toolkit 버전에 맞추어 버전을 클릭합니다.

버전 명을 클릭하면 cuDNN 파일 목록이 등장합니다. 사용 중인 컴퓨터의 OS에 맞추어 파일을 다운로드합니다. 파일의 다운로드가 완료되면 압축을 풀어줍니다.

압축을 풀면 cuda라는 폴더가 생깁니다. 폴더 안에는 총 3개의 폴더와 1개의 txt 파일이 있습니다. 〈Ctrl〉 + 〈A〉 키를 눌러 모든 파일을 선택하고, 〈Ctrl〉 + 〈C〉 키를 눌러 파일들을 복사합니다. 복사가 끝났다면 아래 경로로 이동해 폴더를 열어줍니다. 맨 뒤의 숫자는 CUDA Toolkit의 버전에 따라 다를 수 있습니다.

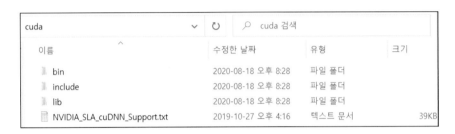

C: \ Program Files \ NVIDIA GPU Computing Toolkit \ CUDA \ <버전명>

폴더 내부에서 〈Ctrl〉 + 〈V〉 키를 눌러 복사했던 파일을 붙여넣습니다. 이때 위 그림과 같이 "대상 폴더에 이름이 같은 파일이 있습니다."라는 팝업창이 뜨면 〈대상 폴더의 파일 덮어쓰기(R)〉 버튼을 클릭합니다.

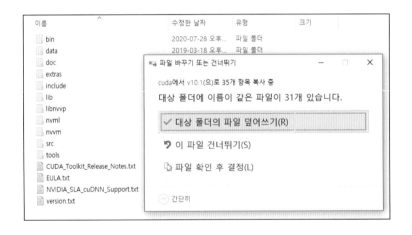

이로써 cuDNN 설치가 완료되었습니다. GPU를 사용하기 위한 준비가 모두 끝났습니다.

GPU 시장은 크게 NVIDIA사와 AMD사가 양분하고 있습니다. NVIDIA사는 CUDA라는 GPGPU 언어를 공개하여 GPU 활용을 유도하고 있으며, CUDA는 AMD사의 GPU에서는 작동하지 않습니다.

그런데 요즈음 가장 많이 사용되는 딥러닝 라이브러리인 텐서플로(TensorFlow)는 CUDA를 활용합니다. 따라서 CUDA를 지원하지 않는 AMD의 GPU로는 텐서플로를 활용하지 못하는 상황이라, 딥러닝을 하려면 NVIDIA사의 GPU를 활용하는 것이 일종의 정석처럼 자리 잡게 되었습니다.

Theano라는 도구를 사용하면 AMD GPU를 활용하여 딥러닝을 수행할 수도 있습니다만, Theano는 공식적으로 업데이트가 중단되어 실시간으로 역사의 뒤안길로 잊히는 중이므로 입문자가 시간을 들여 공부할만한 장점이 크지 않습니다.

딥러닝 라이브러리와 예제 코드 설치하기

PIP을 이용한 라이브러리 설치

〈윈도우 키〉 + 〈R〉 키를 눌러 실행 메뉴를 불러오고, 'cmd'를 입력하고 엔터키를 눌러 명령 프롬프트를 실행합니다. 명령 프롬프트에서 아래와 같이 pip 명령어를 입력하고 엔터키를 칩니다.

```
>   pip

Usage:
  pip <command> [options]
....
....
```

대량의 영어가 프롬프트에 표시될 것입니다. Pip을 활용하면 파이썬에서 사용 가능한 온갖 라이브러리를 손쉽게 설치할 수 있습니다. Pip을 이용해 라이브러리를 설치할 때에는 아래와 같이 명령어를 실행하면 됩니다.

```
pip install <라이브러리 이름>
```

한 번에 여러 개의 라이브러리 이름을 기재해도 정상적으로 작동합니다. 위 방법을 활용해 지금 바로 라이브러리들을 설치해 보겠습니다.

딥러닝에 필요한 라이브러리 설치하기

명령 프롬프트에 아래 명령어를 입력해 딥러닝에 필요한 라이브러리를 한 번에 몽땅 설치합시다. 설치에 약간의 시간이 소요됩니다. 상당수의 라이브러리가 〈아나콘다 파이썬〉을 설치할 때 이미 함께 설치되었을 것입니다.

```
> pip install numpy pillow matplotlib ipython tensorflow tensorflow_hub imageio
Requirement already satisfied: numpy
Requirement already satisfied: pillow
Requirement already satisfied: matplotlib
Requirement already satisfied: ipython
Collecting tensorflow
    Downloading tensorflow....
Collecting tensorflow_hub
    Downloading tensorflow_hub....
....
```

Git Bash 실행

이 책의 예제 코드를 설치하고자 하는 폴더로 이동해 마우스 오른쪽 버튼을 클릭합니다. 편하게 바탕화면에서 마우스 오른쪽 버튼을 클릭해도 좋습니다. 앞서 〈Git for windows〉 설치를 정상적으로 마무리했다면 〈Git Bash Here〉 메뉴가 표시될 것입니다. 이 메뉴를 클릭합니다.

짜잔. 까만색 Git Bash 창이 실행되었습니다.

Git Bash 창에서 아래 명령어를 실행하면 예제 코드 설치가 진행됩니다.

```
user@Computer MINGW64 ~/Desktop
$ git clone https://github.com/needleworm/bhban_ai
Cloning into 'bhban_ai'...
...
Updating files: 100% (30398/30398), done.
```

git clone 명령어를 실행하면 이 책의 예제 코드가 컴퓨터에 복제됩니다. 예제 코드의 크기는 학습용 빅데이터까지 포함하여 대략 1.3GB가량입니다. 설치가 완료되었다면 까만 창을 닫으셔도 좋습니다. 혹은 아래 사이트에서 예제를 다운로드하실 수도 있습니다.

https://needleworm.github.io/bhban_ai/

설치 폴더 내에 'bhban_ai'라는 폴더가 새로이 생겨났을 것입니다.
폴더를 열어 내용물이 정상적으로 설치되었나 확인합니다.

오픈 소스는 소프트웨어 개발에 필요한 코드나 프로그램을 누구나 접근해서 열람할 수 있도록 공개하는 것을 말합니다. 무료로 공개하지만, 저작권이 보호되는 일도 있고, 상업적 사용이 금지되는 경우도 있으므로 사용에 유의해야 합니다. 오픈 소스 프로그램을 돈을 받고 판매하는 경우도 있습니다.

오픈 소스로 공개된 프로그램은 다른 개발자의 개발을 도와줍니다. 누군가가 노력을 기울여 만든 소프트웨어를 그대로 사용하면서 새로운 기능을 추가할 수 있다면 훨씬 짧은 시간을 투자해 더욱 멋진 프로그램을 만들 수 있지 않을까요? 그리고 이렇게 만들어진 프로그램이 또다시 오픈 소스로 공개된다면? 세계 각지에서 온갖 새로운 소프트웨어들이 쏟아져 나올 것입니다.

그렇다면 개발자들은 힘들게 만든 프로그램을 왜 무료로 공개하는 것일까요? 전 세계 사람들이 모두 사용하는 오픈 소스 소프트웨어의 개발에 참여하는 것은 그 자체로서 엄청난 명예입니다. 세계의 발전에 이바지하고 전 세계 개발자로부터 존경을 받을 수 있으니, 오픈 소스 소프트웨어에 기여하는 것은 충분히 메리트가 있는 일입니다.

개발자 개인에게도 장점이 있고 세계의 발전에도 기여하는 오픈 소스 정신 덕분에 이 순간에도 세상은 빠른 속도로 진보하고 있습니다.

라이브러리 불러오기

① 폴더를 파이썬 프로젝트로 실행하기

설치된 예제 코드 폴더에서 아래 경로로 이동합니다.

[2편] 인간의 뇌세포를 흉내 낸 인공지능 – FNN\
  [5장] 분류(Classification) 기법 활용하기\
    2_5_1_AI는 체격을 보고 초, 중, 고등학생을 구분할 수 있을까

아래 그림과 같이 폴더의 빈 공간을 마우스 오른쪽 버튼으로 클릭하고, 〈Open Folder as PyCharm Community Edition Project〉 메뉴를 클릭합니다. 잠시 기다리면 파이참이 실행됩니다.

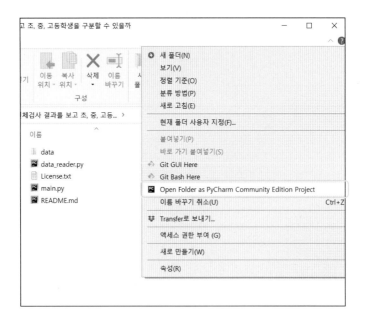

② 파이썬 콘솔 실행

파이참 실행이 완료되면 화면 하단의 〈Python Console〉 탭을 클릭하여 파이썬 콘솔을 실행합니다.

파이썬에 기본으로 내장된 라이브러리를 불러와 보겠습니다. 파이썬으로 컴퓨터를 제어할 수 있도록 도와주는 os 라이브러리를 불러오겠습니다. 파이썬 콘솔에 아래와 같이 코드를 입력합니다.

```
In[2]: import os
In[3]: os.listdir()
    : ['.idea', 'data', 'data_reader.py', 'License.txt', 'main.py', 'README.md']
In[4]: os.listdir("data")
    : ['학생건강검사 결과분석 rawdata_서울_2015.csv']
```

In[2]을 잘 살펴보면 import라는 글자가 다른 색으로 변해 있는 것을 확인할 수 있습니다. import는 파이썬의 기본 문법 중 하나로, '라이브러리를 불러오라.'라는 의미의 명령어입니다. In[2]의 import os는 'os라는 이름을 가진 라이브러리를 불러오라.'라는 의미입니다.

In[3]과 In[4]에서는 방금 불러온 os 라이브러리를 활용하고 있습니다. 불러온 라이브러리를 사용할 때에는 라이브러리 이름 뒤에 점(.)을 찍고, 라이브러리 내부의 함수 이름을 기재하면 됩니다. In[3]과 In[4]는 os 라이브러리 내부의 listdir( ) 함수를 불러와 실행하는 코드입니다. os.listdir( ) 함수는 괄호를 비운 채로 사용하면 현재 폴더의 내용물을 보여주며, 괄호 안에 폴더 이름을 입력하면 그 폴더의 내용물을 보여줍니다.

Pip로 설치된 외부 라이브러리 역시 import 명령어로 손쉽게 불러올 수 있습니다. 아래와 같이 텐서플로(TensorFlow)를 불러오는 코드를 실행해봅시다.

```
In[5]: import tensorflow as tf
In[6]: tf.__version__
    : '2.3.0'
```

In[2]에서는 앞서 설치한 텐서플로를 불러오고 있습니다. 그런데 이번에는 as라는 명령어가 함께 사용됩니다. 외부에서 불러온 라이브러리를 사용할 때에는 라이브러리 이름을 기재한 뒤, 점(.)을 찍어야 합니다. 이때 라이브러리 이름이 길다면 코딩을 하기에 불편하겠죠. as를 사용하면 라이브러리를 불러오면서 짧은 별명을 붙일 수 있습니다.

In[5]에서는 텐서플로를 tf라는 이름으로 불러옵니다. 덕분에 In[6]에서와 같이 라이브러리 이름을 tf로 짧게 줄여 적어도 정상적으로 코드가 작동합니다.

Pip로 설치된 라이브러리 안에 또 다른 유용한 모듈이 포함되어 있을 수도 있습니다. 예를 들면, 케라스 (Keras)라는 딥러닝 라이브러리가 텐서플로에 흡수되면서 텐서플로 내부 모듈로 함께 탑재되었습니다. 이런 경우 텐서플로의 내부에 있는 케라스를 불러오려면 아래와 같이 코드를 입력해야 합니다.

```
In[7]: tf.keras.__version__
Out[7]: '2.4.0'
```

라이브러리 이름도 두 번 기재되었고, 점(.)도 두 번이나 기재했습니다. 몹시 번거롭지요. 이를 조금 더 간소하게 불러오려면 아래와 같이 import를 실행하면 됩니다.

```
In[8]: from tensorflow import keras
In[9]: keras.__version__
Out[9]: '2.4.0'
```

역시 이름 간소화를 위해 as 구문을 사용할 수도 있습니다.

```
In[10]: from tensorflow import keras as k
In[11]: k.__version__
Out[11]: '2.4.0'
```

라이브러리 이름 뒤에 점(.)을 찍어 그 내부를 들여다본다는 철학을 관철하고 싶다면, 아래와 같은 방법을 사용할 수도 있습니다.

```
In[12]: import tensorflow.keras as k
In[13]: k.__version__
Out[13]: '2.4.0'
```

이때 In[10]의 코드와 In[12]의 코드는 완전히 동일하게 작동합니다. 둘 중 취향에 맞는 방법 하나를 골라서 사용하면 되겠습니다.

Out[3]에서 현재 폴더의 내용물을 확인할 수 있었습니다. 이 내용물 중에는 〈data_reader.py〉라는 파일도 있습니다. 이 파일은 빅데이터를 불러오거나 딥러닝 결과를 그래프로 저장하는 등의 기능을 수행하는 파이썬 스크립트로, 여러분이 딥러닝을 최대한 쉽게 이해할 수 있도록 돕기 위하여 저자가 제작한 라이브러리입니다. 이 라이브러리를 불러와 보겠습니다. 아래와 같이 코드를 실행하면 됩니다.

```
In[14]: import data_reader
In[13]: dr = data_reader.DataReader()
Data Read Done!
Training X Size : (7745, 3)
Training Y Size : (7745,)
Test X Size : (1937, 3)
Test Y Size : (1937,)
```

불러오고자 하는 파이썬 스크립트 파일 이름 맨 뒤의 〈.py〉를 제외한 나머지 문자가 라이브러리 이름이 됩니다. 〈data_reader.py〉를 불러오고 싶었으므로 import data_reader 명령어를 사용하여 라이브러리를 불러왔습니다. In[13]에서는 불러온 라이브러리를 사용해 보고 있습니다. 정상적으로 작동하는 모습입니다.

인터프리터가 실행된 폴더를 워킹 디렉터리라고 부릅니다. import를 활용해 파이썬 스크립트를 라이브러리로 불러오려면 파일이 워킹 디렉터리에 저장되어 있어야 합니다. 이전의 예제 폴더로 이동하여 〈Open Folder as PyCharm Community Edition Project〉 메뉴를 활용한 이유는 해당 폴더를 워킹 디렉터리로 불러와 인터프리터를 실행하기 위해서입니다.
파이썬 인터프리터는 워킹 디렉터리 내부의 파일 또는 폴더와 직접 상호작용할 수 있습니다.

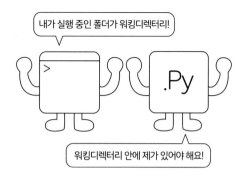

내가 실행 중인 폴더가 워킹디렉터리!

워킹디렉터리 안에 제가 있어야 해요!

2편

인간의 뇌세포를 흉내 낸 인공지능 - FNN

인공신경망과 딥러닝

딥러닝을 본격적으로 공부하기에 앞서 이론적인 배경을 가볍게 공부해 보도록 하겠습니다. 원래 딥러닝은 머신러닝의 하위분류로, 제대로 공부해 보려면 선형대수와 통계학 분야의 방대한 지식을 알고 있어야 합니다. 이번 장에서는 수학적 설명을 배제하고, 최대한 쉽게 딥러닝에 대해서 살펴보도록 하겠습니다.

통계와 머신러닝

통계학과 조건부 확률

통계학은 관찰로써 수집할 수 있는 데이터를 연구하는 학문입니다. 통계학은 현실을 수학적으로 분석하여 실험이나 가설에 대한 타당성을 부여할 수도 있으며, 현상 속에 숨어 있는 규칙성을 발견할 수도 있습니다. 통계 기법을 영리하게 활용하면 한쪽으로 치우치지 않은 객관적인 의사결정을 내릴 수도 있습니다.

통계에는 조건부 확률이라는 개념이 있습니다. 조건부 확률은 A라는 조건이 충족되었을 때 B라는 사건이 일어날 확률을 표현하는 장치입니다. 이를테면 '어제 비가 왔을 때 오늘도 비가 올 확률'이나, '코로나19 양성 판정을 받았을 때 주변인이 감염될 확률' 등이 조건부 확률입니다. 조건부 확률은 베이즈 정리(Bayes' theorem)를 활용하여 접근할 수 있습니다.

베이즈 통계학

베이즈 정리는 사후 확률을 추론하는 기법인데, 이 정리를 이용하여 통계학적 문제에 접근하려는 시도를 베이즈 통계학(Bayesian Statistics)이라 부릅니다. 베이즈 통계학에서 어떤 사건의 확률은 사건이 일어나는 빈도가 아니라 사건에 대한 신뢰도로 정의됩니다.

베이즈 확률을 사람의 손으로 계산하는 것은 어려운 일입니다. 그래서 베이즈 확률론을 현실에 적용하는 것에 대해 회의적인 사람들이 많았습니다. 하지만 컴퓨터의 계산 능력이 향상함에 따라 베이즈 확률을 추론할 수 있는 여러 알고리즘이 등장합니다. 그중 1950년대에 등장한 '나이브 베이즈' 모델이라는 머신러닝 모델이 가장 잘 알려진 모델입니다.

머신러닝, 베이즈 통계를 연안 수단

머신러닝은 베이즈 확률을 표현하기 위한 수학적 모델을 만드는 데 기여했습니다. 1958년에는 로지스틱 회귀(Logistic Regression)라는 통계 기법이 등장합니다. 이 기법은 머신러닝 기법의 일종으로, 데이터를 분석하여 사건의 발생 가능성을 예측할 수 있습니다. 로지스틱 회귀는 다양한 분야에 적용되어 분류 및 예측 문제들을 멋지게 해결했고, 덕분에 베이즈 확률론이 현실의 문제 해결에 적용될 수 있음을 입증했습니다.

이후 머신러닝은 데이터를 분석하여 확률을 계산하는 데 널리 활용되기 시작했습니다. 서포트 벡터 머신(SVM)과 같은 알고리즘들은 대량의 데이터를 분류하는 데 탁월한 성능을 발휘했고, 결정 트리(decision tree)는 데이터 학습을 통해 실전에 유용하게 적용할 수 있는 모델을 만드는 데 활용하기 유용했습니다.

컴퓨터 성능의 발전이 머신러닝이라는 통계 기법 발전에 박차를 가했고, 결과적으로 머신러닝 알고리즘은 순식간에 발전해 현실의 온갖 문제를 해결해버리기 시작했습니다.

더 알아보기

통계학 공부가 필요할까요?

딥러닝을 그저 신기한 알고리즘 또는 유용한 도구로 바라보는 시각에서는 통계학을 공부하기보다는 파이썬 코딩 실력을 쌓는 데 투자하는 것이 유리합니다. 하지만 인공지능 자체를 연구하고 싶거나, 지금까지 해결된 적 없는 문제를 해결하는 데 딥러닝을 활용하고 싶다면 반드시 통계학을 깊게 공부해야 합니다.

딥러닝은 베이즈 확률을 계산하는 도구에 지나지 않습니다. 어떤 데이터로 어떤 통계적 가설을 증명할지 설계하는 과정은 통계학 분야의 역량을 발휘해야 하는 부분입니다.

뇌세포를 모방한 기계, 퍼셉트론

뉴런의 구조

인간의 뇌와 척수는 뉴런(신경세포)으로 구성되어 있습니다. 뉴런의 구조를 간략하게만 살펴보겠습니다.

아래 그림은 뉴런을 간략하게 표현한 것입니다. 뉴런은 크게 입력부와 출력부로 구분할 수 있습니다.

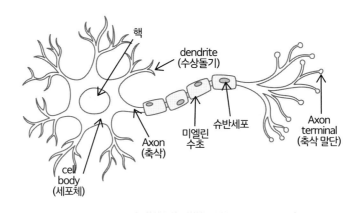

뉴런의 입력부는 외부 신호를 입력받는 역할을 수행합니다. 위 그림에서 수상돌기와 세포체가 입력부에 해당합니다. 입력부가 외부로부터 받은 자극이 역치(threshold) 이상이면 전기적 신호를 만들어 출력부로 전달합니다. 이 전기적 신호를 활동 전위(action potential)라고 부릅니다. 이때 입력받은 자극이 지나치게 작다면 뉴런은 그 신호를 무시합니다.

뉴런의 축삭과 축삭 말단이 출력부에 해당합니다. 전기적 신호가 축삭을 따라 축삭 말단 방향으로 전달되고, 축삭 말단에서는 아세틸콜린 등의 화학 물질을 분비합니다. 이때 입력받은 신호의 크기에 상관없이 전기적 신호의 크기와 분비되는 화학 물질의 양은 일정합니다.

뉴런은 함수입니다

뉴런에는 입력이 있고 출력이 있습니다. 입력과 출력 사이에 규칙성도 있습니다. 따라서 뉴런은 함수입니다. 뉴런은 함수이므로 아래 그림과 같이 표현할 수도 있겠습니다. 그런데 뉴런이 함수라는 사실을 깨달은 수학자들이 과연 가만히 있었을까요? 절대 아닙니다. 수학자들은 뉴런을 수학적인 표현으로 나타내기 위해 많은 고민을 했습니다. 그중 가장 그럴싸하고 가장 널리 알려진 모델이 퍼셉트론(perceptron)입니다.

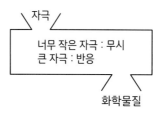

자극

너무 작은 자극 : 무시
큰 자극 : 반응

화학물질

퍼셉트론의 개념을 그림으로 표현하면 아래 그림과 같습니다. 신경세포의 수상돌기가 외부 자극을 입력받듯이 퍼셉트론 역시 다양한 데이터를 입력받습니다. 이때 퍼셉트론은 외부에서 들어오는 입력값에 가중치(weight)를 곱한 값을 모두 더하여 하나의 입력값으로 정돈합니다. 여기에서 가중치는 왜 곱해주는 것일까요? 인간의 뇌 속에서 일어나는 현상을 예시로 살펴보겠습니다.

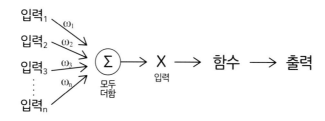

뇌 속의 신경들은 서로 얽힌 채로 정보를 주고받습니다. 아래 그림과 같이 사람의 뇌 속에 A, B, C 세 부위가 있다고 생각해 보겠습니다. A 부위에서 C 부위로 정보를 전달하는 뉴런은 10개고 B에서 C로 정보를 전달하는 뉴런은 50개입니다. 이때 C는 당연히 A보다 B 부위에서 입력되는 정보를 더욱 중요하게 처리할 것입니다.

가중치는 아래와 같은 현상을 모사(模寫)하기 위하여 도입된 개념입니다. 퍼셉트론은 여러 종류의 입력값에 영향을 받으며, 그 영향력의 크기가 바로 가중치입니다. 가중치가 큰 입력값은 퍼셉트론에 크게 영향을 미치고, 가중치가 작은 입력값은 퍼셉트론에 작은 영향을 미칩니다.

입력값에 가중치를 곱한 값을 모두 더하여 하나의 정돈된 통합 입력값 X를 만들었다면, 이제 이 X를 함수에 입력합니다. 이것이 바로 퍼셉트론의 구조이자 작동 원리입니다.

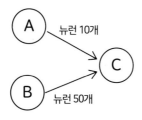

뉴런과 퍼셉트론의 작동 원리를 도식화하면 아래 그림과 같습니다. 양쪽 모두 자극을 입력받아 신호를 출력하는 함수입니다. 복잡한 개념입니다만, 상자 그림으로 표현하니 뉴런과 크게 다르지 않습니다.

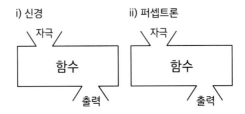

4 활성화 함수(Activation Function)

뉴런은 0 또는 1 두 가지 값만 출력할 수 있는 기계입니다. 퍼셉트론은 뉴런을 모방하기 위해 만들어진 기계입니다. 따라서 조금 더 뉴런을 그럴싸하게 모사하기 위하여 퍼셉트론의 출력값을 뉴런의 출력값과 유사하게 다듬어주려는 시도가 있습니다.

이를 위한 도구를 활성화 함수라고 부릅니다. 활성화 함수는 함수입니다. 숫자를 입력받아, 다른 숫자를 출력합니다. 인간의 뉴런은 작은 값을 입력받았을 때 0을 출력하고, 입력값이 적당히 커지면 1을 출력합니다. 활성화 함수 또한 유사한 형태입니다. 작은 숫자를 입력받으면 0에 가까운 숫자를 출력하고, 어느 정도 큰 숫자를 입력받으면 1에 가까운 숫자를 출력합니다.

이런 접근은 앞서 살펴본 그림의 '함수'의 형태를 조작하는 것으로 시도됩니다. 자주 사용되는 대표적인 활성화 함수 몇 가지만 살펴보겠습니다. 아래 4가지 정도의 활성화 함수만 알고 있으면 간단한 딥러닝 예제를 수행하는 데에는 무리가 없습니다.

(1) 시그모이드 함수(Sigmoid function)

시그모이드 함수는 입력값을 0부터 1 사이의 값으로 다듬어주는 함수입니다. 입력값이 크면 클수록 1에 가까운 값이 출력되고, 입력값이 작으면 작을수록 0에 가까운 값이 출력됩니다. 0에 가까운 값과 1에 가까운 값을 출력할 수 있다는 점에서 "신경 활동을 모방한다."라는 철학에 부합합니다. 실제 딥러닝에서는 출력값의 범위를 0과 1 사잇값으로 한정할 수 있다는 점에서 널리 활용됩니다.

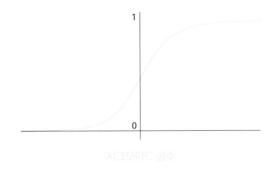

시그모이드 함수

(2) 하이퍼볼릭 탄젠트 함수(tanh, hyperbolic tangent function)

하이퍼볼릭 탄젠트는 입력값을 −1부터 1 사잇값으로 다듬어주는 함수입니다. 하이퍼볼릭 탄젠트는 원점을 기준으로 대칭이며, 입력값이 작으면 작을수록 −1에 가까운 값을 출력하고 입력값이 크면 클수록 1에 가까운 값을 출력합니다. 뉴런의 on−off 작동을 모사할 수 있다는 점에서 애용되곤 합니다만, 최근 음수값을 사용하지 않으려는 추세가 등장하면서 선호도가 낮아진 함수입니다.

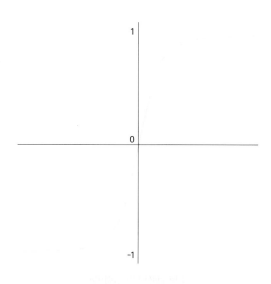

(3) 렐루(ReLU, Rectified Linear Unit)

렐루는 0보다 작은 값은 0으로 만들어버리고, 0보다 큰 값은 그대로 출력하는 함수입니다. 단일 뉴런보다는 여러 개의 뉴런으로 구성된 신경 다발의 정보전달 형상에 가깝습니다. 렐루는 뉴런의 활동을 모사하기보다는 기울기 소실 문제(vanishing gradient problem)[1]라는 딥러닝의 고질적 문제를 해결하기 위한 방법으로 조명받으며 각광받게 되었습니다. 딥러닝 모델을 만들 때, 어떤 활성화 함수를 적용하면 좋을지 잘 모르겠으면 일단 렐루를 적용하면 됩니다. 대부분의 경우 높은 성능을 보입니다.

---

1   딥러닝에서 신경망의 가중치 수정은 출력층에서 입력층으로 거꾸로 내려옵니다. 이 과정을 역전파(backpropagation)라고 합니다. 역전파 알고리즘은 미분을 통해 일종의 기울기(gradient)를 계산하는 것이 핵심이며, 기울기가 클수록 가중치가 많이 수정됩니다. 출력층과 거리가 멀어질수록 이 기울기가 작아지며 가중치 수정이 잘 안 되는 문제를 기울기 소실 문제라고 합니다.

렐루 함수

(4) 리키 렐루(Leaky ReLU)

리키 렐루는 렐루 함수와 달리 0보다 작은 값도 버리지 않습니다. 단, 원본 그대로 출력하는 것이 아니라 약간 더 작은 값을 출력합니다. 여기에 무슨 큰 의미가 있겠나 싶지만, 몇몇 적용사례에서 렐루에 비해 월등한 성능을 보이기도 합니다.

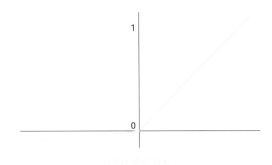

리키 렐루 함수

생명체의 뉴런에서 가중치는 신경 다발의 개수, 신경의 연결 정도, 신경의 활성 정도 등 다양한 요소에 영향을 받습니다. 자주 정보를 주고받는 부위일수록 더더욱 가중치가 커지고, 자주 사용하지 않는 영역일수록 가중치가 감소하는 경향이 있다고 알려져 있습니다. 가중치 변화에는 도파민 등의 호르몬이 관여하는 것으로 알려져 있습니다.

그렇다면 딥러닝에서는 가중치를 어떻게 결정할까요? 사실 가중치를 잘 결정하는 것이 딥러닝의 전부라고 생각해도 좋습니다.

일반적으로 딥러닝에서는 맨 처음에 가중치를 랜덤으로 결정합니다. 이후 역전파(backpropagation)[2]라는 알고리즘을 적용하여 퍼셉트론이 입력값을 목푯값과 잘 매칭시킬 수 있도록 조금씩 가중치를 수정해 나갑니다. 좋은 데이터를 많이 가지고 있으면 가중치를 더욱 잘 수정할 수 있게 됩니다.

데이터를 분석해 가중치를 수정해 나가는 과정을 '학습'이라고 부릅니다. 더욱 상세한 학습 방법을 알고 싶다면 역전파를 공부해 보기 바랍니다. 역전파를 정확하게 이해하려면 선형대수와 미적분학에 대한 깊은 이해가 필요합니다.

---

2 출력층부터 거꾸로 내려오면서 가중치를 수정하는 알고리즘입니다. 오차를 가중치로 미분한 값을 토대로 신경망의 가중치를 수정합니다.

3^절 인공신경망과 딥러닝

 인공신경망

인공신경망은 영어로 Artificial Neural Network입니다. 인공적인 신경을 그물(network)처럼 연결했다고 해서 인공신경망입니다. 즉, 앞서 살펴본 퍼셉트론을 이리저리 연결하면 그것을 인공신경망이라고 부릅니다. 일반적으로 인공신경망은 마구잡이로 연결하기보다는 한 번에 한 층씩 쌓아 올리는 경우가 많습니다. 한 층의 신경망은 하나의 행렬로 표현할 수 있어 계산이 더 쉽기 때문입니다.

한 층짜리 신경망은 아래 그림과 같이 표현될 수 있습니다. 아래 그림에서는 총 k개의 퍼셉트론으로 구성된 한 층짜리 신경망이 표현되어 있습니다. 이 신경망에는 총 N개의 값이 입력되고, 총 K개의 값이 출력됩니다.

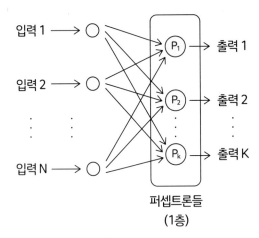

퍼셉트론들
(1층)

퍼셉트론들이 모여 한 층의 신경망이 됩니다.

 딥러닝

인공신경망을 여러 층으로 쌓아 올리는 것을 다층 퍼셉트론(multilayer perceptron)이라고 부릅니다. 다층 퍼셉트론을 사용한 머신러닝 알고리즘을 딥러닝이라고 부릅니다. 인공신경망을 깊게(deep) 쌓았다고 해서 딥러닝입니다.

예전에는 퍼셉트론을 2층 이상 쌓으면 학습이 불가능했습니다. 2층짜리 퍼셉트론을 그림으로 표현하면 다음과 같습니다.

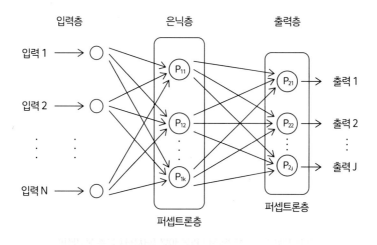

위 그림은 신경망을 2층으로 쌓은 다층 퍼셉트론 모델입니다. 입력값들로 구성된 맨 왼쪽 노드들은 입력층 (input layer), 가운데 있는 첫 번째 퍼셉트론 층은 은닉층(hidden layer), 출력값과 연결된 마지막 층을 출력층 (output layer)이라고 부릅니다.

이 중 입력층과 출력층은 외부에서 직접 접근하여 조작할 수 있습니다만 은닉층은 아닙니다. 출력층의 경우 출력값과 기댓값 사이의 오차를 구할 수 있으므로 손쉽게 가중치를 수정할 수 있었습니다만, 은닉층에 속한 퍼셉트론의 출력값은 오차를 측정할 기준이 없으므로 은닉층 퍼셉트론의 가중치를 수정할 방법이 없었습니다.

컴퓨터 과학자인 제프리 힌턴(Geoffrey Hinton)이 1986년 역전파(backpropagation)라 부르는 획기적인 기법을 발명하였고, 덕분에 은닉층의 학습이 가능해졌습니다. 이때부터 본격적으로 인공신경망을 2층 이상 쌓는 딥러닝 연구가 시작되었습니다.

이렇게 제작된 다층 퍼셉트론은 입력받은 정보를 앞으로(forward) 전달합니다. 따라서 다층 퍼셉트론을 FNN(Feedforward Neural Network)이라고 부르기도 합니다. 이 책에서는 다층 퍼셉트론을 FNN이라고 부르겠습니다.

딥러닝은 인공신경망을 여러 층 쌓은 것이고, 인공신경망은 또다시 여러 개의 퍼셉트론으로 구성되어 있습니다. 따라서 딥러닝은 엄청나게 많은 퍼셉트론을 서로 복잡하게 이어 붙인 모델입니다. 이렇게 복잡한 존재를 어떻게 코딩할 수 있을까요?

초기에는 많은 수고가 필요했으나 현재는 텐서플로와 케라스의 등장으로 굉장히 손쉽게 코딩을 수행할 수 있습니다. 이를테면 입력층 사이즈 128, 은닉층 사이즈 128, 출력층 사이즈 16인 인공신경망은 아래와 같이 몇 줄의 코드로 코딩할 수 있습니다. 참으로 좋은 세상이지요.

```
In[12]: from tensorflow import keras
In[13]: graph = keras.Sequential([
   ...:         keras.layers.Dense(128),
   ...:         keras.layers.Dense(128),
   ...:         keras.layers.Dense(16)
   ...: ])
```

딥러닝이 전통적인 머신러닝 방법보다 성능이 높은 이유는 Variance가 크기 때문입니다. Variance가 큰 모델은 복잡한 데이터 분포도 잘 추론할 수 있습니다. 아래 예시를 살펴봅시다.

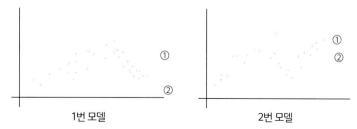

1번 모델은 Variance가 낮고 Bias가 큰 모델입니다. 반면 2번 모델은 Variance가 높고 Bias가 낮은 모델입니다. 1번 모델보다 2번 모델이 훨씬 더 유연하고 변동성이 큰 점에 주목하기를 바랍니다.

1번 데이터의 상황을 먼저 함께 살펴보겠습니다.
1번 데이터의 분포는 포물선 형태를 따라가고 있습니다. 1번 모델은 직선 형태의 모델입니다. 유연성이 낮아 곡선 형태의 데이터를 충분히 반영하지 못하고 있습니다. 2번 모델은 비교적 Variance가 높아 포물선 형태의 데이터를 잘 반영하고 있습니다.
현실 세계의 문제들은 대부분 복잡한 인과관계를 가지고 있습니다. 딥러닝 이전의 전통적인 머신러닝 방법은 대부분 Variance가 낮고 Bias가 높기 때문에 복잡한 데이터를 충실히 반영하지 못하여 성능이 낮았습니다. 딥러닝은 Variance가 대단히 큰 기법이므로 복잡한 데이터를 충실히 따라갈 수 있습니다. 이게 바로 딥러닝이 성능이 뛰어난 근본적인 이유입니다.

그렇다면 Variance가 높고 Bias가 낮은 모델은 항상 뛰어난 성능을 보여줄까요? 2번 데이터의 상황을 살펴보겠습니다.
1번 모델은 2번 데이터의 점을 단 하나도 지나지 않고 있습니다. 반면 2번 모델은 모든 점을 통과하고 있습니다. 수치상으로 오차를 계산할 경우 1번 모델에 비해 2번 모델의 오차가 더욱 낮게 표시될 것입니다. 그렇다면 2번 모델이 1번 모델보다 데이터를 더욱 잘 표현한다고 할 수 있을까요?
2번 데이터를 더욱 잘 표현하는 모델은 1번 모델입니다. 2번 모델은 그래프의 점이 없는 영역에서 완전히 엉뚱한 값을 추론하고 있기 때문입니다. 1번 모델은 어떠한 점도 통과하고 있지 않지만, 비교적 데이터의 경향성을 따라 움직이고 있으므로 이 경우 Variance가 낮은 1번 모델이 훨씬 더 뛰어난 모델이라 할 수 있겠습니다. 무작정 Variance가 높은 모델을 활용한다고 항상 머신러닝의 성능이 높아지지는 않습니다.
하지만 만약 2번 데이터에서 데이터의 점 개수가 10만 개로 늘어난다면 어떻게 될까요? 2번 모델은 10만 개의 점이 보여주는 경향성을 모두 따라가려 할 것이고, 그래프의 모양이 1번 모델과 유사한 형태로 변화할 것입니다. 이게 바로 빅 데이터의 힘입니다. Variance가 높은 모델은 데이터의 양이 늘어나면 늘어날수록 정교하게 작동합니다.

결과적으로 현대 인공지능 기술은 Variance가 높은 모델과 빅 데이터를 활용하는 방향으로 발전하고 있습니다.

분류(Classification) 기법 활용하기

분류라는 단어를 일상에서 자주 접해 보셨을 것입니다. 머신러닝에서 분류는 데이터를 분석하고, 그 데이터가 어떤 카테고리에 포함될 수 있는지 계산하는 행위를 의미합니다. 이를테면 임의의 과일을 입력받아 (사과/딸기/포도) 중 어떤 카테고리에 가장 걸맞은 과일인지 추론해 내는 행위를 예시로 들 수 있겠습니다.

분류는 딥러닝을 활용하기에 가장 쉬운 문제입니다. 학생 신체검사 데이터와 붓꽃 데이터를 분류하는 인공지능을 만들어 보며, 딥러닝에 조금 익숙해져 보겠습니다.

1절 AI는 체격을 보고 초 · 중 · 고등학생을 구분할 수 있을까?
2절 AI는 꽃을 구분할 수 있을까?

AI는 체격을 보고 초·중·고등학생을 구분할 수 있을까?

이번 절에서는 FNN을 활용한 데이터 분류 알고리즘을 공부해 보도록 하겠습니다.

체격만 보고 청소년의 나이를 예측하는 것은 꽤 어려운 문제입니다. 여학생의 경우 성장 급등 시기가 빨라 초등학교 고학년과 고등학생의 체격이 크게 차이 나지 않습니다. 남학생도 중학생과 고등학생을 체격만 보고 구분하는 것은 쉬운 일이 아닙니다. 과연 인공지능은 청소년의 체격만 보고 초·중·고등학생을 구분할 수 있을까요?

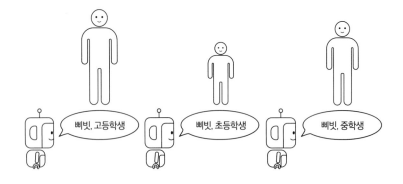

이번에는 체격을 통해 초·중·고등학생을 구분해내는 AI를 만들어 보도록 하겠습니다. 예제 코드와 데이터가 기록된 '2_5_1_AI는 체격을 보고 초, 중, 고등학생을 구분할 수 있을까' 폴더로 이동하세요.

(1) 데이터 개요

서울시 교육청에서 공개한 학생 건강검사 데이터를 학습에 사용하겠습니다.

예제 폴더 안에는 'data'라는 폴더가 있습니다. 이 폴더 안에 오늘 사용할 데이터가 들어있습니다. 폴더 안에 있는 CSV 파일을 열어보겠습니다.

파일 안에는 학생 9,682명을 대상으로 수집된 신체검사 결과가 저장되어 있습니다. 암호화된 학생 ID와 학교에 대한 정보, 학교 이름, 남녀공학 여부 등 다양한 데이터가 포함되어 있습니다. 전체 데이터 중에서 〈학교명〉, 〈성별〉, 〈키〉, 〈몸무게〉에 주목하겠습니다.

A	B	C	D	E	F	G	H	I	J	K	L	M	N	O	P	Q
ID	최종가중치	학교ID	도시규모	도시규모별	학년도	광역시도	시도별	학교	학교명	공학여부	학년	반	성별	건강검진일	키	몸무게
Ac283남3(	68.86367	Ac28	대도시/중:	특별/광역.	2015 서울		서울특별시	3	신서고등학교	남여공학	3	7	남	20150511	172.1	60.5
Aa123남3(	145.9571	Aa12	대도시/중:	특별/광역.	2015 서울		서울특별시	1	서울난향초등학교	남여공학	3	1	남	20150415	139.7	44.5
Ac253남3(	107.0303	Ac25	대도시/중:	특별/광역.	2015 서울		서울특별시	3	한영외국어고등학교	남여공학	3	1	남	20150520	179	78.9
Aa014남4(	156.3581	Aa01	대도시/중:	특별/광역.	2015 서울		서울특별시	1	서울대도초등학교	남여공학	4	1	남	20150421	137	29.2
Ab212남2(	94.35136	Ab21	대도시/중:	특별/광역.	2015 서울		서울특별시	2	불광중학교	남여공학	2	1	남	20150413	154.9	53.9
Ac252남2(	91.19192	Ac25	대도시/중:	특별/광역.	2015 서울		서울특별시	3	한영외국어고등학교	남여공학	2	1	남	20150520	165	57.6
Aa021남1(	180.8723	Aa02	대도시/중:	특별/광역.	2015 서울		서울특별시	1	서울온빛초등학교	남여공학	1	3	남	20150708	111.8	17.4
Ac081여1(	102.4592	Ac08	대도시/중:	특별/광역.	2015 서울		서울특별시	3	신정여자상업고등학교	여자	1	1	여	20150522	164	52.2
Ac021여1(	133.2817	Ac02	대도시/중:	특별/광역.	2015 서울		서울특별시	3	대진여자고등학교	여자	1	1	여	20150413	163.6	56.5
Ac243여3(	43.15835	Ac24	대도시/중:	특별/광역.	2015 서울		서울특별시	3	청담고등학교	남여공학	3	6	여	20150413	160.9	56.9
Ac053여3(	93.32311	Ac05	대도시/중:	특별/광역.	2015 서울		서울특별시	3	홍익대학교사범대학부	남여공학	3	1	여	20150423	158.8	47.3
Aa184남4(	76.10024	Aa18	대도시/중:	특별/광역.	2015 서울		서울특별시	1	서울가원초등학교	남여공학	4	1	남	20150506	135.9	26.8
Ac213남3(	57.30566	Ac21	대도시/중:	특별/광역.	2015 서울		서울특별시	3	불암고등학교	남여공학	3	1	남	20150403	175.4	65.2
Ab032여2(	79.728	Ab03	대도시/중:	특별/광역.	2015 서울		서울특별시	2	서울여자중학교	여자	2	1	여	20150413	159.6	46.2

(2) 피쳐 설정

커다란 데이터에서 우리가 유심하게 살펴보려고 하는 부분을 피쳐라고 부릅니다. 어떤 피쳐를 학습에 활용할 것인지 선택하는 안목이 바로 데이터분석의 실력 내지는 직관이라고 할 수 있습니다.

〈키〉와 〈몸무게〉는 체격과 관련된 정보입니다. 〈성별〉도 확인할 수 있다면 유용하겠죠. 〈학교명〉을 분석하면 초등학교, 중학교, 고등학교를 구분할 수 있습니다. 우리에게 필요한 정보는 이 파일 안에 모두 들어있습니다.

이 파일 안에서 우리에게 유용한 정보만 뽑아내려면 어떻게 해야 할까요? 안타까운 이야기입니다만, 이런 파일에서 필요한 데이터만 추출하려면 복잡한 코딩이 필요합니다. 하지만 걱정하지 않기를 바랍니다. 파일을 다듬어 필요한 데이터만 뽑아내는 라이브러리를 예제와 함께 제공해 드립니다.

예제 폴더를 살펴보면 〈data_reader.py〉라는 파일을 발견할 수 있을 것입니다. 이 파일이 바로 데이터를 읽어와 가공해 주는 라이브러리입니다. 모든 예제 폴더에 〈data_reader.py〉 라이브러리가 포함되어 있으며, 각각의 예제에 맞추어 내부 구조가 모두 다릅니다.

앞으로도 여러분은 데이터를 손질하는 과정은 고민하실 필요가 없습니다. 데이터의 형태를 살펴보고, 딥러닝 그 자체에 집중하는 데 시간을 투자하세요.

(3) 피쳐와 레이블

일반적으로 함수에 입력하는 값을 X라고 하고, 함수가 출력하는 값을 Y라고 부릅니다.

〈성별〉, 〈키〉, 〈몸무게〉 피쳐들을 X값으로 사용하겠습니다. 〈초등학교〉, 〈중학교〉, 〈고등학교〉는 각각 0, 1, 2로 변환하여 Y값으로 사용하겠습니다.

(4) 데이터의 노멀라이즈

〈체중〉은 대체로 100보다 낮은 편이고, 〈키〉는 대체로 100보다 훨씬 큰 편입니다. 두 종류의 〈피쳐〉 사이의 값이 범위가 상당히 다른데, AI가 학습하는데 무리가 생기지는 않을까요?

AI가 공평하게 여러 피쳐를 학습할 수 있도록 노멀라이즈(normalize)라는 작업이 필요합니다. 노멀라이즈를 통해 〈체중〉과 〈키〉 값을 모두 0과 1 사이의 값으로 변환합니다. 변환 방법은 간단합니다. 최댓값으로 모든 수치를 나누어 주는 것입니다. 예를 들어 파일에 포함된 〈체중〉 데이터의 최댓값이 100kg이라면 모든 〈체중〉 값을 100kg으로 나누어 주는 것입니다. 이 과정을 거치며 100kg은 1.0이 되고, 30kg은 0.3이 됩니다.

(5) 데이터 분할

전체 데이터를 잘 섞은 다음 80%만 떼서 인공지능의 학습에 활용하겠습니다. 이렇게 학습에 활용하는 데이터를 트레이닝 데이터(training data)라고 부릅니다. 나머지 20%는 학습이 끝난 인공지능의 성능을 평가하는 용도로 활용하겠습니다.

인공지능을 학습할 때 중요한 점이 있습니다. 테스트 데이터에는 트레이닝 데이터와 중복되는 데이터가 포함되면 안 됩니다. 인공지능의 성능 평가에 악영향을 미치기 때문입니다.

여러분이 시험에 응시하기 전에 출제될 문제를 미리 알고 있다면 본 실력보다 높은 점수를 받게 될 것입니다. 인공지능도 마찬가지입니다. 테스트 데이터 중 학습에 사용했던 데이터가 포함되어 있다면 AI의 성능이 실제보다 더욱 뛰어난 것으로 왜곡된 결과가 나올 수 있습니다.

어떤 인공지능을 만들 건가요?

(1) 신경망의 구조

입력층 1개, 은닉층 1개, 출력층 1개로 구성된 간단한 FNN을 만들어보겠습니다. 편의를 위해 앞으로는 각 층의 이름을 부르는 대신 '3층짜리 FNN'이라 표현하겠습니다. FNN의 구조는 아래와 같습니다. 입력층에 가까울수록 낮은 층에 해당하고, 출력층에 해당할수록 높은 층에 해당합니다.

층수	종류	크기	활성화 함수
1층	FNN	3	없음
2층	FNN	128	ReLu
3층	FNN	3	Softmax

앞의 표에서 〈크기〉는 퍼셉트론의 개수를 의미합니다. 크기 3짜리 신경망은 퍼셉트론 3개로 구성되어 있으며 크기 128짜리 신경망은 퍼셉트론 128개로 구성되어 있습니다. 이번 예제에서 사용할 모델은 크기 128짜리 커다란 신경망이 중앙에 있는 대칭 구조입니다.

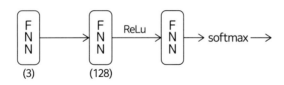

입력층은 〈성별〉, 〈키〉, 〈체중〉 3종류의 데이터를 입력받기 위하여 크기를 3으로 설정했습니다. 딥러닝에서 입력할 데이터의 종류를 피쳐(feature)라고 부릅니다. 일반적으로 입력층의 크기는 피쳐의 개수와 동일하게 설정합니다. 피쳐 개수보다 입력층의 크기가 작다면 일부 피쳐가 누락될 것이고, 입력층의 크기가 피쳐 개수보다 크다면 아무 피쳐도 입력받지 못하는 불필요한 공간이 생기기 때문입니다.

출력층은 〈초등학생〉, 〈중학생〉, 〈고등학생〉 3종류의 카테고리를 구분하기 위하여 크기를 3으로 설정했습니다. 분류 문제에서 출력층의 크기를 결정하는 방법은 다양합니다만, 카테고리 개수와 출력층의 크기를 동일하게 설정하는 것이 일반적입니다.

(2) 분류에 사용하는 활성화 함수, Softmax

출력층에는 Sotfmax라는 활성화 함수가 적용되어 있습니다. 뉴런의 행동을 모사하기보다는 분류 문제에서 확률 질량 함수의 정규화를 위해 사용합니다. 신경망의 출력값은 숫자에 지나지 않습니다만, Softmax 연산을 거치면 비로소 확률 질량 함수로서 의미를 가지게 됩니다.

정확한 이해를 위해서는 통계학 지식이 필요하므로 상세한 설명은 생략하겠습니다만, "분류 문제에는 Softmax 함수를 사용하면 좋다." 정도로 이해하고 넘어가면 충분합니다.

(3) 분류의 원리

인공신경망이 이리저리 학습되면서, AI가 조금씩 의미 있는 추론을 하기 시작합니다. 이 과정에서 출력층은 각각 숫자를 출력합니다. 이 숫자는 각각의 카테고리에 대한 확률이 됩니다. 다음 그림을 살펴보기 바랍니다.

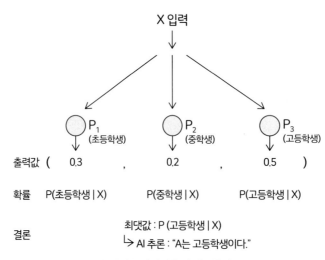

X 입력

P$_1$ (초등학생) P$_2$ (중학생) P$_3$ (고등학생)

출력값 (0.3 , 0.2 , 0.5)

확률 P(초등학생 | X) P(중학생 | X) P(고등학생 | X)

결론 최댓값 : P(고등학생 | X)
↳ AI 추론 : "A는 고등학생이다."

인공지능이 판단을 내리는 원리

위 그림은 간소하게 그린 AI의 구조입니다. 이해를 돕기 위하여 출력층을 제외한 신경망과 마지막의 Softmax 연산은 그림으로 표현하지 않았습니다.

AI에 X라는 데이터가 입력되면 정보가 1층부터 2층을 거쳐 출력층인 3층까지 도달합니다. 출력층의 퍼셉트론 3개는 각각 숫자를 출력합니다. 이 숫자가 바로 확률입니다.

1번, 2번, 3번 퍼셉트론은 각각 초등학생, 중학생, 고등학생 카테고리를 표현합니다. 1번 퍼셉트론의 출력값은 'X가 초등학생일 확률'을, 2번 퍼셉트론의 출력값은 'X가 중학생일 확률', 3번 퍼셉트론의 출력값은 'X가 고등학생일 확률'을 의미합니다.

위 그림에서는 3개의 출력값 중 'X가 고등학생일 확률'이 0.5로 가장 큰 값을 가집니다. 이때 'AI는 X를 고등학생으로 분류했다.'라고 할 수 있습니다.

요약하면 분류 인공지능의 학습은 '출력층이 추론한 확률이 최대한 잘 들어맞도록 노력하는 과정'이고, 분류 결과는 '인공지능이 가장 높은 확률을 출력한 카테고리'라고 할 수 있겠습니다.

딥러닝 모델 코딩

딥러닝 모델 코딩을 시작해 보겠습니다. 예제 폴더에서 마우스 오른쪽 버튼을 클릭하고 〈Open Folder as PyCharm Community Edition Project〉 메뉴를 클릭합니다. 잠시 뒤 예제 코드가 파이참 프로젝트로서 실행됩니다.

로딩이 완료되면 아래 그림을 참고하여 〈1: Project〉 메뉴를 클릭하고 〈main.py〉를 더블클릭합니다. 그리고 창 하단의 〈Python Console〉도 클릭하면 코딩을 위한 준비가 완료됩니다. 지금부터 딥러닝 코딩을 시작해 보겠습니다. 예제에서 소개되는 코드들은 파이참 화면에 떠 있는 main.py 코드와 동일합니다.

코드를 〈Python Console〉에 한 줄씩 입력하며 따라와도 좋고, 한 번에 여러 줄을 복사하여 콘솔에 붙여넣어 실행해도 좋습니다.

(1) 라이브러리 불러오기

나무토막을 내맘대로 쌓아올리듯이 keras 기능을 이리저리 조합해 다양한 인공지능을 만듭니다.

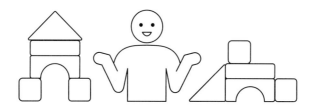

코드의 5번째 줄에서 딥러닝의 핵심 라이브러리인 keras를 불러옵니다.
코드의 6번째 줄에서 데이터 처리를 도와주는 〈data_reader.py〉를 불러오고 있습니다. 파이썬 스크립트를 불러올 때는 확장자인 〈.py〉를 제외하고 이름을 기재해야 합니다.

```
5  from tensorflow import keras
6  import data_reader
```

경우에 따라 5번째 줄의 코드를 실행하면 아래와 같이 표기될 수도 있습니다. 이는 텐서플로가 정상적으로 GPU를 활성화했거나, 컴퓨터에 활용 가능한 GPU가 없다는 등 GPU 활용과 관련된 안내문입니다. 무시해도 좋습니다.

```
In[2]: from tensorflow import keras
2020-07-24 20:51:26.2269618:  I tensorflow/stream_executor/platform/default/...
```

(2) 에포크(Epoch) 결정하기

아래 코드에 표시된 #로 시작하는 문장은 '주석'입니다. 파이썬 인터프리터는 주석을 컴퓨터의 언어로 번역하지 않습니다. 주석은 사람에게 정보를 전달하기 위해 코드에 삽입하는 안내문입니다.

에포크는 일종의 학습 횟수입니다. 예를 들어 에포크가 1이면 전체 데이터를 한 번씩 학습하고 학습이 종료되고, 에포크가 10이면 전체 데이터를 10번 학습하고 학습이 종료됩니다. 이번 예제의 기본값은 20 입니다. 인공지능이 데이터를 20회 학습하면 학습이 종료됩니다.

```
8    # 몇 에포크만큼 학습시킬 것인지 결정합니다.
9    EPOCHS = 20    # 예제 기본값은 20입니다.
```

(3) 데이터 읽어오기

코드의 12번째 줄에서 데이터를 불러옵니다. 아래 코드가 실행되면 〈data_reader.py〉 라이브러리가 작동하며 데이터를 읽어와 가공하고, AI가 학습하기 용이하도록 트레이닝 데이터와 테스트 데이터를 8:2로 분할합니다.

```
11   # 데이터를 읽어옵니다.
12   dr = data_reader.DataReader()
```

변수 dr에는 데이터가 저장된 〈클래스〉라는 장치가 저장됩니다. 앞으로 데이터를 불러올 때 dr을 활용합니다.

(4) 인공신경망 제작하기

케라스를 활용해 인공신경망을 코딩하는 방법은 굉장히 간단합니다. 15번째 줄과 같이 Sequential( ) 함수를 호출하며 내용물을 차곡차곡 기재하면 됩니다. 퍼셉트론으로 구성된 인공신경망 층은 layers.Dense( ) 함수를 사용하여 제작할 수 있습니다. 괄호 안에 기재된 숫자는 각 층에 포함된 퍼셉트론의 개수입니다. 〈activation〉은 활성화 함수를 의미합니다. 16번째 줄에서는 활성화 함수 없이 신경망을 만들었습니다. 17 번째 줄에서는 활성화 함수로 렐루(relu)를 지정했고, 18번째 줄에서는 활성화 함수로 소프트맥스(SoftMax) 를 지정했습니다.

완성된 신경망의 구조는 model이라는 변수에 저장됩니다. 신경망의 설계가 모두 끝났습니다.

```
14  # 인공신경망을 제작합니다.
15  model = keras.Sequential([
16      keras.layers.Dense(3),
17      keras.layers.Dense(128, activation="relu"),
18      keras.layers.Dense(3, activation="softmax")
19  ])
```

(5) 인공신경망 컴파일하기

컴파일은 코드를 컴퓨터가 이해할 수 있는 형태로 변환하는 작업을 의미합니다. 코드의 22번째 줄과 23번째 줄에서는 인공신경망을 컴파일합니다. 케라스에서 인공신경망을 컴파일할 때에는 옵티마이저(optimizer), 로스(loss), 메트릭(metrics) 세 가지 정보를 함께 입력해야 합니다.

```
21  # 인공신경망을 컴파일합니다.
22  model.compile(optimizer="adam", metrics=["accuracy"],
23                loss="sparse_categorical_crossentropy")
```

옵티마이저는 인공신경망의 가중치를 조절하기 위한 알고리즘을 의미합니다. 다양한 알고리즘이 있지만 'adam'을 사용하면 대체로 언제든지 좋은 결과를 얻을 수 있습니다.

로스는 인공신경망을 학습시키기 위한 기준이 되는 함수입니다. 로스가 작으면 작을수록 AI의 성능이 높고, 로스가 높을수록 AI의 성능이 낮습니다. 학습 목표에 따라 적절한 〈로스〉를 선택하면 됩니다. 분류 문제에서는 '크로스 엔트로피(cross-entropy)[3]'를 사용하는 것이 적절합니다. 코드의 23번째 줄에서 사용한 〈sparse_categorical_crossentropy〉는 크로스 엔트로피 함수의 한 종류입니다.

메트릭은 성능 검증을 위한 척도를 의미합니다. 이 예제에서는 정확도를 의미하는 accuracy를 사용합니다. 컴파일이 마무리되면 인공신경망 코딩이 끝납니다. 독자 여러분의 첫 번째 인공지능이 탄생했습니다. 축하합니다.

(1) 인공신경망 학습을 위한 코드

인공지능의 학습 시작을 알리기 위해 27번째 줄에서 안내 문구를 화면에 출력합니다.

---

3 크로스 엔트로피는 두 개의 서로 다른 확률분포를 구분하기 위해 사용하는 척도로, 분류 문제에 적용하면 가중치 업데이트가 훨씬 잘 된다는 점이 알려지며 분류 문제의 정석과도 같은 위상을 차지하게 되었습니다.

```
26   # 인공신경망을 학습시킵니다.
27   print("************ TRAINING START ************")
```

(2) 콜백, 학습을 조기에 중단하기 위한 도구

28번째 줄에서는 '콜백'을 정의하고 있습니다. 콜백(callback)은 학습을 중간에 중단시키기 위해 사용하는 기능입니다. 인공지능 학습 시 '에포크'를 너무 높게 설정하면 '오버피팅' 등의 현상이 발생하며 오히려 성능이 떨어지는 경우가 발생할 수도 있습니다. 반복 학습을 너무 많이 해서 발생하는 '오버피팅'을 방지하려면 인공지능의 성능이 적당히 상승했을 때 학습을 중단할 필요가 있습니다. '콜백'이 바로 이런 역할을 수행해 주는 기능입니다. 28번째 줄 우측을 보면 'monitor'와 'patience'라는 값을 입력하고 있습니다.

```
28   early_stop = keras.callbacks.EarlyStopping(monitor="val_loss", patience=10)
```

'monitor'는 학습을 조기 중단하기 위한 기준으로 삼을 지표를 의미합니다. 위 코드에서는 'val_loss'를 학습 중단의 지표로 삼았는데요, val_loss는 검증 과정의 '로스'를 의미합니다. 성능 검증을 실시하고, 로스가 딱히 개선되지 않는다면 학습을 중단하라는 의미입니다.

'patience'에는 숫자가 들어갑니다. 위 코드에서는 10이 입력되었는데요, 이 경우 "10 에포크가 지나도록 성능 개선이 없으면 중단하겠다."라는 의미입니다. 'patience'가 짧을수록 성질이 급하게 학습을 종결시키고, 'patience'가 길수록 느긋하게 학습을 종결시킵니다. 'patience'가 너무 길면 중단 시점에서 AI의 성능이 나쁠 수 있으며, 너무 짧으면 충분한 학습이 진행되기 전에 학습이 종료되어버릴 수도 있습니다.

(3) 인공신경망 학습 개시

인공신경망의 학습에는 fit( )[4] 함수가 사용됩니다. 코드의 29번째 줄에서 fit 함수가 호출되고 있으며, 29번째 줄부터 31번째 줄에 걸쳐 학습에 필요한 정보를 입력하고 있습니다.

```
29   history = model.fit(dr.train_X, dr.train_Y, epochs=EPOCHS,
30                       validation_data=(dr.test_X, dr.test_Y),
31                       callbacks=[early_stop])
```

'dr.train_X'와 'dr.train_Y'는 트레이닝 데이터를 의미합니다. 'dr.train_X'는 AI에 입력해 줄 데이터이고, 'dr.train_Y'는 AI의 출력 결과물을 채점하기 위한 레이블(label)입니다. 흔히들 학교에서 함수를 배울 때 x를 입력하고 y를 출력하는데요, 여기서도 마찬가지입니다.

---

4   케라스에서 AI를 학습하기 위해 사용하는 함수입니다.

'epochs'에는 학습을 반복할 에포크 수를 입력합니다. 예제에서는 코드의 9번째 줄에서 정의한 EPOCHS 변수를 그대로 입력합니다.

'validation_data'는 인공지능의 성능을 평가하기 위한 테스트 데이터입니다. 'dr.test_X'와 'dr.test_Y'를 활용합니다.

마지막으로 28번째 줄에서 정의한 콜백을 'callbacks'에 입력하고 있습니다. 위 코드를 실행하면 인공지능의 학습이 진행됩니다. 학습 결과는 29번째 줄의 'history' 변수에 저장됩니다. 학습 과정에는 약간의 시간이 소요될 수 있습니다.

(4) 학습 결과 출력

'data_reader.py' 라이브러리에는 학습 결과를 그림으로 표현해 주는 draw_graph( ) 함수가 내장되어 있습니다. 학습 결과물을 저장한 'history' 변수를 draw_graph( ) 함수에 입력하면 학습 결과가 출력됩니다.

```
33   # 학습 결과를 그래프로 출력합니다.
34   data_reader.draw_graph(history)
```

인공지능 학습 결과 확인하기

(1) 인공지능의 성능 확인하기

앞서 살펴본 코드를 실행하면 콘솔에 아래와 같은 글자가 출력되며 학습이 진행됩니다. 책의 지면 관계상 일부 글자는 생략하였습니다. 인공지능의 성능은 화면에 표시되는 〈val_accuracy〉를 살펴보면 됩니다. 이번 예제의 인공지능이 〈성별〉, 〈키〉, 〈체중〉을 보고 초 · 중 · 고등학생 중 어디에 해당하는지 맞힐 확률은 대략 70~73%가량입니다. 이때 "인공지능의 성능은 정확도 70~73%가량이다."라고 표현할 수 있습니다.

```
************ TRAINING START ************
Epoch 1/20
  loss: 1.0529 - accuracy: 0.4941 - val_loss: 0.9694 - val_accuracy: 0.5785
Epoch 2/20
  loss: 0.8556 - accuracy: 0.6467 - val_loss: 0.7180 - val_accuracy: 0.6911
....
Epoch 20/20
  loss: 0.5615 - accuracy: 0.7337 - val_loss: 0.5749 - val_accuracy: 0.7180
```

(2) 학습 기록 확인하기

학습이 마무리되면 예제 코드 폴더 안에 두 개의 이미지 파일이 새로이 생겨납니다. 이 파일들을 열어보겠습니다.

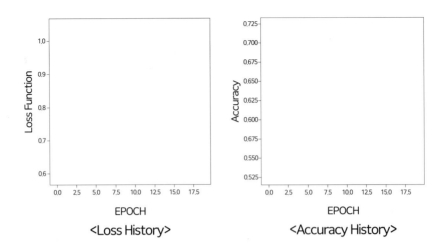

<Loss History>   <Accuracy History>

두 개의 그래프는 각각 'Loss History'와 'Accuracy History'라는 제목을 달고 있습니다. 이 둘은 각각 학습이 진행되면서 로스 함수와 정확도가 어떻게 변했는지 보여줍니다. 로스 함수는 낮을수록 좋고, 정확도는 높을수록 좋습니다.

짙은 선은 트레이닝 데이터를 학습한 결과고, 옅은 선은 테스트 데이터를 평가한 결과입니다. Loss History를 보면 트레이닝 로스와 테스트 로스 모두 에포크가 증가함에 따라 점점 감소하는 것을 확인할 수 있습니다. 반면 Accuracy History의 결과는 약간 다릅니다. 짙은 선으로 표시된 트레이닝 정확도는 에포크가 증가함에 따라 비교적 순탄하게 증가하고 있습니다만, 옅은 선으로 표시된 테스트 정확도는 증가세가 안정되지 못합니다.

대부분의 경우 테스트 성능은 트레이닝 성능에 비해서 들쭉날쭉하게 증가하거나, 에포크가 많이 지나면서 오히려 감소하기도 합니다. 따라서 학습을 어느 시점에 중단시킬지 결정하는 것이 인공지능의 성능 측면에서 중요한 이슈입니다.

이상으로 첫 번째 딥러닝 예제가 마무리되었습니다. 어떤가요? 처음 접하는 개념이 많이 등장해 많이 당황했으리라 생각합니다. 딥러닝 첫 시도가 이렇게 어려운데 앞으로 어떻게 하면 좋을까 걱정하지는 않기를 바랍니다. 비록 딥러닝 첫걸음을 위한 지식이며, 앞으로 사용할 대부분의 기술이기도 했습니다. 시작이 반이라고 하잖아요. 농담이 아니라 정말로 딥러닝에 대해서 절반 이상은 알려드린 것 같습니다. 사실상 이번 절에서 배운 지식만 활용할 수 있으면 온갖 종류의 인공지능을 만들 수 있습니다. 정말 수고 많으셨고, 다음 예제에서 뵙겠습니다!

아래 그림에 표시된 x 표시는 데이터이며, 각각의 선은 학습된 인공지능의 예측값입니다. 세 가지 모델 중 어떤 인공지능이 가장 성능이 뛰어날까요?

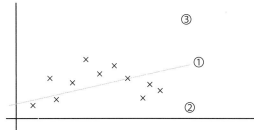

①번 모델은 데이터의 경향성을 전혀 따라가지 못하는 것 같습니다. 이런 결과를 언더피팅(underfitting)이라고 부릅니다. '피팅이 덜 되었다.'라는 뜻입니다.

②번 모델은 데이터의 경향성을 대체로 잘 따라가고 있습니다. 하지만 x 표시를 직접 관통하고 있지는 않습니다.

③번 모델은 모든 x 표시를 관통합니다. 아마 로스를 구하면 굉장히 낮게 나올 것입니다. 예측 곡선과 x 표시 사이에 오차가 없기 때문입니다. 하지만 점이 없는 영역에서는 굉장히 이상한 값을 추론합니다. ③번 모델을 활용해 인공지능을 만들면 x 표시에 해당하지 않는 데이터에서 정상적으로 작동하지 않을 것입니다. 이런 결과를 오버피팅(overffiting)이라고 합니다. '피팅이 너무 많이 되었다'라는 뜻입니다.

모델의 variance(분산)에 비해 데이터의 규모가 작을수록 오버피팅이 쉽게 발생합니다. 따라서 딥러닝에서는 빅데이터를 확보하는 것이 가장 중요한 문제 중 하나입니다. 데이터의 규모가 모자란다면 퍼셉트론의 개수를 줄이거나 층수를 낮춰서 모델의 variance를 낮춰 줘야 합니다. 또한, 모델을 너무 오랜 에포크 동안 학습시켜도 오버피팅이 발생할 수 있습니다. 인공지능이 트레이닝 데이터에만 너무 집중하여 마치 곡선 ③과 같은 형태로 학습이 진행되는 것입니다.

오버피팅을 방지하는 것은 딥러닝에서 가장 중요한 문제 중 하나입니다. 그렇다면 AI를 학습시키는 과정에서 오버피팅의 발생 여부는 어떻게 확인할 수 있을까요? 앞서 살펴본 학습 결과 그래프를 살펴보면 간단하게 확인할 수 있습니다. 트레이닝 성능에 비해 테스트 성능이 부족하다면 오버피팅이 발생한 것입니다.

뉴럴 네트워크의 층수, 각 층에 포함된 퍼셉트론의 개수, 에포크 등 인공지능을 제작할 때 인간이 직접 지정해 주는 값을 하이퍼 파라미터(Hyper Parameter)라고 합니다. 많은 연구자가 AI의 성능을 극한까지 끌어올리기 위해 하이퍼 파라미터를 이리저리 조정하며 테스트를 진행하고 있습니다. 간혹 하이퍼 파라미터의 수정이 놀라운 성능 향상으로 이어지기도 합니다. 하이퍼 파라미터 조작을 연습해봅시다.

- 뉴럴 네트워크의 층수를 늘려 보며 인공지능의 성능이 어떻게 변화하는지 알아봅니다.
  keras.Sequential( ) 함수 내부에 Dense( ) 레이어를 추가합니다.
- 은닉층의 퍼셉트론 개수를 늘리거나 줄여 보며 인공지능의 성능이 어떻게 변화하는지 알아봅니다.
  keras.layers.Dense( ) 함수 안에 기재된 숫자를 변경합니다. 단, 입력층과 출력층의 퍼셉트론 개수는 수정하지 않습니다.

AI는 꽃을 구분할 수 있을까?

여러분은 들판에 핀 꽃들을 구분할 수 있나요? 사람이 꽃을 구분할 때에는 어떤 정보를 주로 활용할까요? 우선 가장 눈에 띄는 정보는 꽃의 색상일 것입니다. 색상 정보를 제외한다면 꽃의 모양과 크기, 잎사귀의 형태 따위의 정보를 활용해 꽃을 구분할 수 있을 것입니다.

그런데 같은 종의 식물에도 여러 아종이 있다는 사실을 알고 계시나요? 예를 들면 우리에게 친숙한 양배추, 콜라비, 브로콜리, 케일 등은 배추속 식물의 일종인 브라시카 올레라케아(Brassica Oleracea)입니다. 실제로 이 작물들은 성장 후에는 모습이 다르지만, 새싹과 모종 시기에는 모두 똑같이 생겨 눈으로 구분하기가 힘듭니다.

꽃에도 아종이 있습니다. 꽃잎의 색상과 잎사귀의 모양이 서로 비슷한 꽃의 아종을 우리는 어떻게 구분할 수 있을까요?

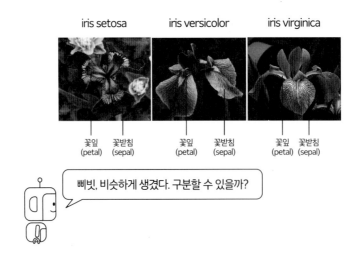

이번에는 동일한 꽃의 아종을 척척 구분해내는 AI를 만들어보겠습니다. 예제 코드와 데이터가 기록된 '2_5_2_AI는 꽃을 구분할 수 있을까' 폴더로 이동하세요.

붓꽃은 〈Iris〉라는 종입니다만, 그 하위에 Iris Setosa, Iris Versicolor, Iris Virginica라는 세 가지 종이 있습니다. 붓꽃의 아종 사이에 어떤 통계적 패턴이 있을까요? 이를 연구하기 위하여 영국의 농학자 로널드 피셔(Ronald Fisher)는 3종류 붓꽃을 각각 50포기씩 채집해 치수를 쟀습니다.

이번 절에서는 피셔가 제작한 아이리스 데이터셋(Iris dataset)을 활용할 것입니다. 이 데이터에는 150개의 꽃으로부터 수집된 수치가 기록되어 있으며 각각의 꽃이 어느 아종에 속하는지도 기록되어 있습니다. 데이터를 확인하기 위해 'data' 폴더 내부의 '.csv' 파일을 실행해 보겠습니다.

	A	B	C	D	E
1	5.1	3.5	1.4	0.2	Iris-setosa
2	4.9	3	1.4	0.2	Iris-setosa
3	4.7	3.2	1.3	0.2	Iris-setosa
4	4.6	3.1	1.5	0.2	Iris-setosa
5	5	3.6	1.4	0.2	Iris-setosa
6	5.4	3.9	1.7	0.4	Iris-setosa
7	4.6	3.4	1.4	0.3	Iris-setosa
8	5	3.4	1.5	0.2	Iris-setosa

데이터가 굉장히 단순하게 생겼습니다. 왼쪽부터 〈꽃받침의 길이〉, 〈꽃받침의 너비〉, 〈꽃잎의 길이〉, 〈꽃잎의 너비〉, 〈꽃의 종류〉에 해당합니다. 왼쪽 4개의 값이 피쳐가 되고, 〈꽃의 종류〉가 레이블이 됩니다. 치수 정보를 노멀라이즈해 X값으로 사용하고, 꽃의 종류를 (0, 1, 2) 3종으로 변환하여 Y값으로 사용하겠습니다. 전체 데이터를 잘 섞은 다음 80%는 트레이닝 데이터로, 20%는 테스트 데이터로 활용하겠습니다.

어떤 인공지능을 만들 건가요?

(1) 신경망의 구조

이번에도 3층짜리 FNN을 제작합니다. 신경망의 구조는 아래와 같습니다.

층수	종류	크기	활성화 함수
1층	FNN	4	없음
2층	FNN	128	ReLu
–	Dropout	rate=0.5	–
3층	FNN	3	SoftMax

총 4개의 피쳐를 입력받기 위해 1층의 크기는 4로 지정했으며, 최종적으로 3종류의 꽃 아종을 구분하기 위해 출력층의 크기는 3으로 지정합니다. 분류 문제이므로 출력층의 활성화 함수로 소프트맥스를 지정합니다. 2층은 1절의 예제와 동일하게 크기가 128이며 활성화 함수로 렐루를 사용합니다.

그런데 2층 아래에 'Dropout'이라는 값이 기재되어 있습니다. 드롭아웃이 무엇인지 알아보겠습니다.

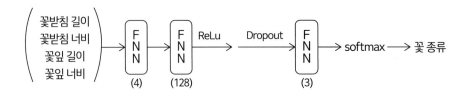

(2) 신경을 버리는 드롭아웃

드롭아웃(dropout)은 신경 일부를 버리는 기법입니다. 앞의 표를 살펴보면 드롭아웃의 크기에 'rate=0.5'라고 기재되어 있습니다. 학습마다 임의로 50%의 퍼셉트론을 선택하여 드롭아웃 대상으로 선정한다는 이야기입니다. 드롭아웃 대상은 매번 임의로 선택됩니다. 드롭아웃 대상으로 지정된 퍼셉트론은 잠시동안 가중치가 0으로 설정되어 다른 퍼셉트론으로 정보를 전달하지 못하게 됩니다.

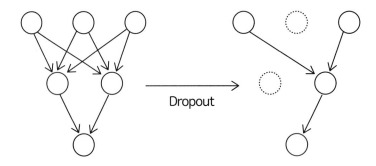

기껏 학습시켜둔 신경을 왜 아깝게 버리는 것일까요? 드롭아웃을 적용하면 오버피팅이 방지되는 효과가 있습니다. 그 원리를 어려운 용어로 표현하자면 "매번 신경망의 형태가 변형되므로 앙상블 기법과 유사하게 학습의 일반화에 유리해진다."고 할 수 있습니다.

완성된 인공지능에 드롭아웃을 추가하면 갑작스레 성능이 향상되는 경우가 세계 각지에서 보고되어 한때 딥러닝 연구 커뮤니티에서 "드롭아웃을 필수적으로 추가해야 한다."라는 이야기가 심심찮게 주장되기도 했습니다.

하지만 드롭아웃을 적용하면 계산 시간이 늘어납니다. 학습 결과를 살펴보며 오버피팅이 발생하지 않았다면 굳이 드롭아웃을 적용할 필요는 없습니다. 이번 절에서는 드롭아웃과 그 사용법을 설명하기 위하여 모델에 드롭아웃을 적용하겠습니다.

딥러닝 모델 코딩을 시작해 보겠습니다. 예제 폴더를 파이참 프로젝트로 불러옵니다. 로딩이 완료되면 main.py 파일을 열고 〈Python Console〉을 실행합니다.

(1) 라이브러리 불러오기

코드의 5번째 줄과 6번째 줄에서 라이브러리를 불러옵니다. 이번에 사용할 〈data_reader〉는 앞 절의 예제에서 사용한 라이브러리와 이름과 기능이 동일하지만, 내부 작동 원리는 다릅니다. 사용하려는 데이터의 구조가 다르기 때문입니다.

```
5        tensorflow        keras
6          data_reader
```

(2) 에포크(Epoch) 결정하기

이번 예제에서도 에포크를 20으로 지정하겠습니다. 총 20회 학습이 진행됩니다.

```
8    # 몇 에포크만큼 학습시킬 것인지 결정합니다.
9    EPOCHS = 20    # 예제 기본값은 20입니다.
```

(3) 데이터 읽어오기

코드의 12번째 줄에서 데이터를 불러옵니다. DataReader( )가 호출되면 보이지 않는 곳에서 데이터의 노멀라이즈가 자동으로 수행되고, 트레이닝 데이터와 테스트 데이터가 8:2로 분할됩니다.

```
11   # 데이터를 읽어옵니다.
12   dr = data_reader.DataReader()
```

(4) 인공신경망 제작하기

앞 절에서 살펴본 방법과 마찬가지로 Sequential( ) 함수를 활용해 인공신경망을 제작합니다. Sequential( ) 함수를 활용하면 마치 꼬챙이에 차례로 요리 재료를 꽂듯이 신경망을 쌓아 올릴 수 있습니다.

꼬챙이에 좋아하는 음식을 끼우듯 신경망의 재료를 차곡차곡 쌓아 올립니다.

케라스가 없던 시절에는 3층짜리 신경망을 만들기 위해 수십 줄의 코드가 필요하기도 했습니다. 정말로 편리한 세상이 되었습니다.

```
14   # 인공신경망을 제작합니다.
15   model = keras.Sequential([
16       keras.layers.Dense(4),
17       keras.layers.Dense(128, activation="relu"),
18       keras.layers.Dropout(rate=0.5),
19       keras.layers.Dense(3, activation="softmax")
20   ])
```

18번째 줄에서 드롭아웃을 정의하는 방식을 확인하세요. 위와 같이 Dropout( ) 함수를 호출하면서 rate를 입력해 주면 드롭아웃이 간단하게 적용됩니다. 드롭아웃 함수를 호출하면, 함수가 호출되기 전 가장 최근에 호출된 레이어에 드롭아웃을 적용합니다. 위 코드의 경우 2층에 드롭아웃이 적용됩니다.

(5) 인공신경망 컴파일하기

인공신경망을 컴파일합니다. 옵티마이저는 adam, 메트릭은 accuracy, 로스는 크로스 엔트로피로, 앞 절과 동일합니다.

```
22   # 인공신경망을 컴파일합니다.
23   model.compile(optimizer="adam", metrics=["accuracy"],
24                 loss="sparse_categorical_crossentropy")
```

(1) 인공신경망 학습

콜백을 정의하고, fit( ) 함수를 활용해 학습을 진행합니다. 학습을 위해 트레이닝 데이터와 에포크, 테스트 데이터, 콜백을 제공합니다. 학습 과정의 기록은 history 변수에 저장됩니다.

```
26  # 인공신경망을 학습시킵니다.
27      ("\n\n************* TRAINING START *************")
28  early_stop = keras.callbacks.EarlyStopping(monitor="val_loss", patience=10)
29  history = model.fit(dr.train_X, dr.train_Y, epochs=EPOCHS,
30                      validation_data=(dr.test_X, dr.test_Y),
31                      callbacks=[early_stop])
```

(2) 학습 결과 출력

history 변수에 저장된 학습 과정을 그래프로 출력합니다. 예제 폴더 내부에 새로운 이미지 파일이 2개 생성됩니다.

```
33  # 학습 결과를 그래프로 출력합니다.
34  data_reader.draw_graph(history)
```

(1) 인공지능의 성능 확인하기

코드를 실행하면 콘솔에 아래와 같은 글자가 출력되며 학습이 진행됩니다.

```
************* TRAINING START *************
Epoch 1/20
  loss: 1.0677 - accuracy: 0.5083 - val_loss: 1.0266 - val_accuracy: 0.6667
Epoch 2/20
  loss: 0.9890 - accuracy: 0.7583 - val_loss: 0.9513 - val_accuracy: 0.7667
....
Epoch 20/20
  loss: 0.2144 - accuracy: 0.9583 - val_loss: 0.2337 - val_accuracy: 0.9333
```

마지막 줄에 기재된 val_accuracy가 학습이 끝난 AI의 성능입니다. AI가 꽃받침의 길이, 꽃받침의 너비, 꽃잎의 길이, 꽃잎의 너비의 4가지 피쳐를 보고 붓꽃의 3가지 아종을 성공적으로 구분해낼 확률은 대략 90~94%가량의 성능을 보여줍니다. 인공지능의 성능은 동일한 데이터를 사용하더라도 학습을 할 때마다 매번 조금씩 달라집니다.

(2) 학습 기록 확인하기

예제 폴더에 저장된 학습 결과 그래프를 살펴보겠습니다. 짙은 선은 트레이닝 데이터에 대한 결과이고, 옅은 선은 테스트 데이터에 대한 결과입니다.

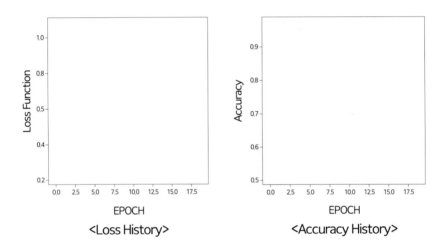

<Loss History>   <Accuracy History>

트레이닝 데이터와 테스트 데이터 모두 로스는 쭉쭉 잘 떨어집니다. 정확도 곡선을 살펴보자면 트레이닝 곡선과 테스트 곡선 모두 학습의 후반부에 결과가 불안정하게 요동치고 있습니다.

로스는 꾸준히 감소하고 있지만, 정확도는 요동치는 현상에 주목하세요. 로스는 인공지능의 학습 오차를 의미합니다만 그게 정답률과 직결되지는 않을 수도 있다는 점에 주의하세요.

AI가 확신에 차서 정답을 맞히던, 긴가민가한 상태로 정답을 맞히건 정확도에는 영향을 주지 못합니다. 하지만 확신에 차서 정답을 맞히는 경우 로스는 훨씬 낮아집니다. AI의 출력값은 카테고리 그 자체가 아니라 카테고리에 대한 확률이기 때문에 발생하는 현상입니다.

이상으로 FNN을 활용한 분류 공부를 마무리하겠습니다. 다음 장에서는 FNN을 이용한 회귀 문제를 공부해보겠습니다.

아울러 본문의 7장에 FNN 분류 기법을 활용해 암을 진단하는 인공지능 예제가 준비되어 있습니다. FNN을 활용한 분류를 조금 더 공부해 보고 싶으신 분께서는 해당 예제를 참고해 주기 바랍니다. 지금까지 배운 지식만 활용하므로 지금 바로 펼쳐보셔도 이해할 수 있는 내용입니다.

더 알아보기

앙상블 학습

앞서 드롭아웃은 앙상블과 유사한 효과가 있어 오버피팅을 피할 수 있다고 언급했습니다. 앙상블(ensemble)은 하나의 문제를 해결하기 위해 여러 개의 모델을 학습시키는 것을 의미합니다.

앙상블 기법을 활용할 때는 동일한 알고리즘 모델을 여러 개 학습시키는 방법도 있고, 여러 종류의 알고리즘을 각각 학습시키는 방법도 있습니다. 결과적으로 하나의 데이터로 여러 개의 인공지능을 제작한다는 점에는 차이가 없습니다.

이렇게 제작된 인공지능들이 각각 제안한 의견들을 어떻게 취합하는지에 따라 앙상블 기법이 또다시 나뉘기도 합니다. 다수결의 원칙에 따라 AI의 의견을 투표로 취합하는 보팅(voting) 기법이 가장 쉬운 방법입니다.

드롭아웃을 적용하게 되면 매번 임의의 퍼셉트론이 제외되면서 매번 조금씩 다른 형태의 신경망이 학습됩니다. 이런 모습이 마치 서로 다른 여러 개의 모델을 학습시키는 앙상블과 유사하다고 평가되는 것입니다.

혼자서 해보기

드롭아웃 하이퍼 파라미터

드롭아웃의 rate도 인간이 조정할 수 있는 값이므로 하이퍼 파라미터에 해당합니다.

• 드롭아웃의 rate를 조정하며 AI의 성능이 달라지는지 확인해봅시다.
　　　　Dropout( ) 함수 내부의 숫자를 조정하면 됩니다(0~1 사잇값).

회귀(Regression) 기법 활용하기

회귀는 수치 추론의 기본이 되며, 날씨나 주가 등 미래의 정보를 예측하는 데에도 사용할 수 있는 기본 철학입니다. 경제학에서 미래를 예측하기 위해 사용하는 추세외삽법(trend extrapolation)[5]도 회귀의 일종입니다.

이번 장에서는 분류와 회귀의 차이점과 딥러닝을 활용해 회귀 문제를 푸는 방법을 공부합니다.

1절 분류와 회귀의 차이는 무엇일까? | **2절** AI는 체격만 보고 체중을 추론할 수 있을까?

---

5 과거를 분석해 일종의 추세나 경향성을 추론하고, 미래의 값을 예측하는 기법입니다. 더 정확하게는 학습에 사용한 데이터의 구간 바깥쪽 값을 예측하기 위한 기법을 의미합니다.

분류와 회귀의 차이는 무엇일까?

이산적 변량과 연속적 변량

'이산가족'이라는 단어를 들어보셨나요? 이산가족은 멀리 떨어져 있는 가족이라는 뜻입니다. 수학에서 '이산'이라는 단어는 서로 떨어져 있는 값들을 의미합니다.

이산적 변량은 수량이 이산적으로 변하는 경우를 의미합니다. 연속적 변량은 수량이 연속적으로 변하는 경우를 의미합니다. 아래 그림을 살펴보면 연속적 변량은 값이 연속해서 부드럽게 이어지는 반면, 이산적 변량은 계단처럼 뚝뚝 끊어지는 것을 확인할 수 있습니다.

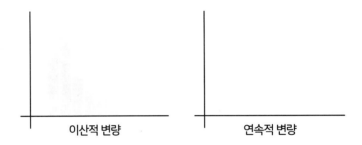

분류, 이산적 변량의 세계

앞서 우리가 공부한 분류 문제는 데이터를 3개의 카테고리로 분류합니다. 카테고리의 개수가 3개로 딱 나뉘고, 그중에서 반드시 하나를 선택해야 하므로 분류 문제는 이산적 변량의 세계입니다.

회귀, 연속적 변량의 세계

회귀는 연속적 변량의 세계입니다. 학생의 키를 예측하는 문제를 예시로 들어보겠습니다. 분류의 세계에서는 학생의 키를 (작은 편/큰 편) 등 이산적으로 예측할 수밖에 없습니다. 반면 회귀의 세계에서는 학생의 키를 (165.4cm) 등 수치로 바로 예측할 수 있습니다.
회귀는 AI의 예측 결과가 어떤 카테고리로 딱딱 분류되는 것이 아니라 구체적인 수치를 예측하도록 학습시키는 방법입니다.

AI는 체격만 보고 체중을 추론할 수 있을까?

사람의 덩치를 보면 대략적인 몸무게를 추측할 수 있습니다. 키가 같다면 허리둘레가 두꺼운 사람이 체중이 더 무거울 것으로 추측할 수 있습니다. 그렇다면 혹시 체격 정보만 입력하면 몸무게를 예측해 주는 AI를 만들 수 있지 않을까요? 어쩌면 카메라로 사람을 찍으면 바로 체중을 알 수 있을지도 모릅니다.

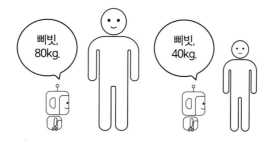

딥러닝으로 체중을 예측하는 인공지능을 만들어 보겠습니다. 예제 코드와 데이터가 기록된 '2_6_2_AI는 체격만 보고 체중을 추론할 수 있을까' 폴더로 이동하세요.

'data' 폴더 안에 있는 '.csv' 파일을 열어보겠습니다.

	A	B	C	D	E	F	G	H	I	J
1	순번	측정 일자	가슴 둘레	소매길이	신장 센티	허리 둘레	샅높이	머리 둘레	발 길이	몸무게
2	1	20140106	96.3	92.6	185.5	82.5	83.8	57.1	28.5	73.2
3	2	2013	101.9	83.8	167.2	81.2	74.4	55	24.2	65.1
4	3	20140106	99.5	89.6	179.9	99.2	84.2	56.3	28.1	93.2
5	4	2013	98.6	85.5	171.4	85.9	76.4	54.5	27.4	71.6
6	5	20140106	94.7	88.1	176.9	78.3	79.7	58.5	26.5	67.1
7	6	2013	122.3	90.2	180.5	118.4	79.7	61.5	29	114.2
8	7	20140106	98	89.7	180.4	93.6	83	59.9	27.1	76.5
9	8	2013	89.6	87.3	173.9	71.1	76.5	53.9	26.8	53
10	9	20140106	93.8	89.3	178.7	82.9	83.8	57.7	28.6	69.7
11	10	2013	122.3	90.2	180.5	118.4	79.7	61.5	29	114.2
12	11	20140106	115.4	86.5	173.1	112.6	80.6	59.1	27.7	95.3
13	12	2013	98	89.6	178.5	95.4	78.4	57.1	27.2	78.7
14	13	20140106	83.1	86	172.6	75.7	75.4	57.9	26.2	58.6
15	14	2013	94.7	85.1	170.7	81.7	75.3	56.4	26.2	66.7

이 데이터는 대한민국 국방부에서 공개한 병무청 신체검사 데이터로, 총 167,938명의 장병의 신체 치수를 측정하여 기록한 자료입니다. 아마 20대 초중반 남성의 신체 정보를 기록한 데이터 중에서는 전 세계적으로 유례를 찾아보기 힘든 빅데이터일 것입니다.

체중 추론에 활용할 수 있는 피쳐들도 넉넉하게 포함되어 있습니다. 가슴 둘레, 소매 길이, 신장, 허리 둘레, 샅높이[6], 머리 둘레, 발 길이 총 7개의 피쳐를 X값으로 사용하고, 〈몸무게〉는 Y값으로 사용하겠습니다. 각각의 피쳐와 Y값은 최댓값으로 나누어 0부터 1 사이의 소수로 노멀라이즈하여 사용하겠습니다. 데이터의 80%는 트레이닝 데이터로, 20%는 테스트 데이터로 사용합니다.[7]

(1) 신경망의 구조

이번에는 6층짜리 FNN을 제작합니다. 신경망의 구조는 아래와 같습니다.

1층	FNN	7	없음
2층	FNN	256	ReLu
3층	FNN	256	ReLu
4층	FNN	256	ReLu
5층	FNN	256	ReLu
6층	FNN	1	sigmoid

총 7개의 피쳐를 입력받기 위하여 입력층의 크기는 7로 세팅했습니다. 최종적으로 이 인공지능은 체중 값 1개만을 예측하므로 출력층의 크기는 1입니다.

앞서 노멀라이즈를 통해 체중값을 0부터 1 사이 숫자로 변환하였습니다. 출력층의 출력값 또한 0부터 1 사이 숫자가 되도록 sigmoid 함수를 활성화 함수로 적용합니다.

2층부터 5층까지의 신경망은 크기를 256으로 통일하였습니다.

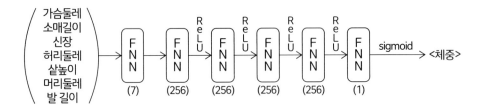

---

6   바닥에서부터 가랑이까지의 높이를 의미합니다.

딥러닝 모델 코딩을 시작해 보겠습니다. 예제 폴더를 파이참 프로젝트로 불러옵니다. 로딩이 완료되면 main.py 파일을 열고 〈Python Console〉을 실행합니다.

(1) 라이브러리 불러오기

코드의 5번째 줄과 6번째 줄에서 라이브러리를 불러옵니다.

```
5       tensorflow        keras
6          data_reader
```

(2) 에포크(Epoch) 결정하기

이번 예제에서는 에포크를 50으로 지정하겠습니다.

```
8   # 몇 에포크만큼 학습시킬 것인지 결정합니다.
9   EPOCHS = 50   # 예제 기본값은 50입니다.
```

(3) 데이터 읽어오기

코드의 12번째 줄에서 데이터를 불러옵니다. DataReader( )가 호출되면 보이지 않는 곳에서 데이터의 노멀라이즈가 자동으로 수행되고, 트레이닝 데이터와 테스트 데이터가 8:2로 분할됩니다.

```
11   # 데이터를 읽어옵니다.
12   dr = data_reader.DataReader()
```

(4) 인공신경망 제작하기

이번 절에서는 인공신경망을 총 6층이나 쌓아 올립니다.

```
14    # 인공신경망을 제작합니다.
15    model = keras.Sequential([
16        keras.layers.Dense(7),
17        keras.layers.Dense(256, activation="relu")
18        keras.layers.Dense(256, activation="relu"),
19        keras.layers.Dense(256, activation="relu"),
20        keras.layers.Dense(256, activation="relu"),
21        keras.layers.Dense(1, activation="sigmoid")
22    ])
```

(5) 인공신경망 컴파일하기

인공신경망을 컴파일합니다. 옵티마이저는 adam, 로스는 mse, 메트릭은 mae를 사용합니다.

```
24    # 인공신경망을 컴파일합니다.
25    model.compile(optimizer="adam", loss="mse", metrics=["mae"])
```

실제 체중에서 인공지능이 예측한 체중을 뺀 수치를 오차(error)라고 부릅니다. 그런데 경우에 따라 오차가 음수일 수도 있습니다. 음수 오차가 포함된 값을 평균을 내버리면 실제보다 오차가 적은 것으로 결과가 왜곡될 수 있습니다. mse와 mae는 이런 문제를 방지하기 위하여 도입된 계산법입니다.

음수는 제곱하면 양수가 되므로, 오차의 크기를 모두 양수 범위로 만들기 위하여 오차를 제곱한 것을 제곱 오차(squared error)라고 부릅니다. 제곱 오차를 여러 개 구한 다음 평균을 구한 값을 평균 제곱 오차(mean squared error)라고 부릅니다. mse는 mean squared error(평균 제곱 오차)의 약자입니다. mae는 오차의 절댓값들을 구해 평균을 구한 값입니다.

mse는 인공지능이 예측한 대량의 결과물을 손쉽게 하나의 점수로 수량화할 수 있다는 장점이 있어 널리 사용됩니다. 분류 문제에서 크로스 엔트로피를 주로 사용하듯, 회귀 문제에서는 대부분의 경우 mse를 사용하면 무난하게 인공지능을 제작할 수 있습니다.

(1) 인공신경망 학습

```
27   # 인공신경망을 학습시킵니다.
28   print("\n\n************ TRAINING START ************")
29   early_stop = keras.callbacks.EarlyStopping(monitor="val_loss", patience=10)
30   history = model.fit(dr.train_X, dr.train_Y, epochs=EPOCHS,
31                       validation_data=(dr.test_X, dr.test_Y),
32                       callbacks=[early_stop])
```

val_loss를 대상으로 콜백을 정의하고, fit( ) 함수를 실행하여 학습을 진행합니다.

(2) 학습 결과 출력

학습 결과와 함께 hisory 변수에 저장된 학습 과정을 그래프로 출력합니다. 예제 폴더 내부에 새로운 이미지 파일이 2개 생성됩니다. model(dr.test_X) 명령은 인공지능에 test_X를 입력하여 출력 결과를 뽑아내도록 합니다. AI의 추론값과 dr.test_Y를 비교하여 회귀학습의 결과를 한눈에 볼 수 있는 그래프를 그립니다.

```
34   # 학습 결과를 그래프로 출력합니다.
35   data_reader.draw_graph(model(dr.test_X), dr.test_Y, history)
```

(1) 인공지능의 성능 확인하기

코드를 실행하면 콘솔에 아래와 같은 글자가 출력되며 학습이 진행됩니다.

```
************ TRAINING START ************
Epoch 1/50
  loss: 0.0018 - mae: 0.0315 - val_loss: 0.0012 - val_mae: 0.0258
Epoch 2/50
  loss: 0.0014 - mae: 0.0277 - val_loss: 0.0014 - val_mae: 0.0285
....
Epoch 21/50
  loss: 0.0012 - mae: 0.0259 - val_loss: 0.0011 - val_mae: 0.0253
```

저자가 예제를 실행하니 콜백이 작동하여 21에포크에서 학습이 멈췄습니다. 학습 결과는 매번 조금씩 다르기 때문에 여러분의 예제 실행 결과는 조금 다를 수 있습니다.

마지막 줄에 기재된 val_mae가 AI의 최종 성능입니다. 이 AI의 성능은 〈mae〉 기준 0.0253입니다. AI가 대략 97% 이상의 정확도로 값을 예측할 수 있다는 이야기입니다. 직관적으로 와 닿는 수치는 아닙니다. 그래프를 살펴보며 회귀 결과를 확인해 보겠습니다.

(2) 학습 기록 확인하기

폴더 안에 생성된 'train_history.png' 파일과 'result.png' 파일을 열어보겠습니다.

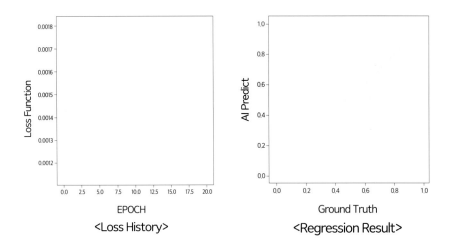

<Loss History>　　　　<Regression Result>

〈Loss History〉를 먼저 살펴보겠습니다. 짙은 선은 트레이닝 로스이고, 옅은 선은 테스트 로스입니다. 전반적으로 트레이닝 로스에 비해 테스트 로스가 성능이 더 뛰어납니다. 오버피팅과는 반대되는 현상입니다. 학습이 잘 된 것으로 생각됩니다.

〈Regression Result〉는 회귀 결과를 통계적으로 표현한 그래프입니다. 화면의 중앙을 짙은 직선이 지나고 있습니다. 옅은 점은 인공지능이 예측한 값과 실제 데이터 사이의 비율입니다.

옅은 점이 짙은 직선 주위에 모여 있을수록 AI의 회귀 성능이 뛰어납니다. 옅은 점이 짙은 선보다 아래쪽에 있으면 AI의 예측값이 실제값보다 낮은 것이고, 옅은 점이 짙은 선보다 위에 있으면 AI의 예측값이 실제보다 높은 것입니다.

회귀 결과 대부분 점이 짙은 선에 밀착하여 분포하고 있습니다. 학습이 매우 잘 된 것 같습니다. AI가 예측한 체중은 실제값보다 약간 작은 편입니다.

회귀에는 외삽과 내삽이 있습니다. 아래 그림을 살펴보겠습니다. X로 표시된 지점은 데이터가 확보된 지점입니다. 머신러닝을 통해 ?로 표시된 지점의 Y축 값을 예측하려는 상황입니다.

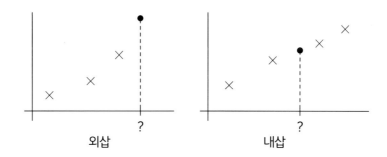

외삽은 왼쪽 그림과 같이 학습에 사용한 데이터의 바깥의 범위를 예측하기 위한 기법입니다. 과거와 현재의 데이터를 분석해 미래를 예측하려는 시도는 외삽으로 분류됩니다. 정부의 미래 출산율 예측이나 금융사의 주가 등락 예측이 외삽에 해당합니다.

내삽은 오른쪽 그림과 같이 학습에 사용된 데이터의 내부 범위를 예측하기 위한 기법입니다. 물음표가 위치한 곳의 데이터가 존재하지 않기 때문에 주변 데이터의 도움을 받아 값을 추론합니다. 주로 소실된 정보를 복원하기 위해 사용하며, 신호를 일부 생략하여 전송한 다음 수신자가 내삽을 통해 원본 신호를 복원하여 데이터 전송량을 압축하는 데 사용하기도 합니다. 이번 절에서 활용한 예제 또한 엄밀하게 따지면 내삽에 해당합니다만 딱히 둘을 구분할 실익이 없습니다.

FNN 활용하기

지금까지 FNN의 기초적인 개념을 습득하기 위한 예제들을 살펴봤습니다. CNN이나 LSTM 등, 뒤에서 배울 화려한 고급 기법에 비하면 초라해 보일지 모르겠지만 FNN은 딥러닝의 기본이자 정석이 되는 기법입니다.

이번 장에서는 딥러닝 방법론 중 가장 기초 기법인 FNN을 활용하여 가장 어려운 영역인 의료 문제를 풀어가는 인공지능을 제작해 보겠습니다.

1절 [의료 AI] 유전자 분석을 통한 암 진단
2절 [의료 AI] BMI(비만도) 분석을 위한 키, 체중 추론 AI

[의료 AI] 유전자 분석을 통한 암 진단

프로젝트 소개

인류 최대의 숙적인 암. 암 진단을 위한 수요는 전 세계 어디를 가도 항상 뜨거울 것입니다. 그런데 혹시 유전자 검사를 통해 암을 조기에 진단할 수 있다면 조금 더 현명하게 암과 맞서 싸울 수 있지 않을까요?

이번 절에서는 유전자 분석을 통하여 암을 진단하는 인공지능을 만들어 보겠습니다. 예제 코드와 데이터가 수록된 '2_7_1_[의료 AI] 유전자 분석을 통한 암 진단' 폴더로 이동하세요.

데이터 살펴보기

'data' 폴더를 열어보면 4개의 CSV 파일이 있습니다. 실제 암 환자로부터 채취된 조직을 갈아서 유전자를 분석한 데이터입니다. 〈BRCA〉는 유방암, 〈COAD〉는 대장암, 〈LUAD〉는 폐암, 〈THCA〉는 갑상선암 환자 데이터입니다.

데이터의 규모가 굉장히 큽니다. 총 2,905명의 환자로부터 수집된 데이터이며 환자 한 명당 피쳐(유전자) 수는 2만 개입니다. 데이터는 0부터 1 사이 숫자로 노멀라이즈하여 사용되며 트레이닝 데이터와 테스트 데이터의 비율은 8:2입니다.

(1) 신경망의 구조

1층	FNN	20000	–
2층	FNN	2048	ReLu
–	Dropout	rate=0.5	–
3층	FNN	256	ReLu
–	Dropout	rate=0.5	–
4층	FNN	4	SoftMax

4층짜리 FNN입니다. 입력 데이터의 크기가 굉장히 크다보니 입력층의 사이즈도 함께 커진 것이 특징입니다. 2층과 3층에는 드롭아웃을 적용했습니다. 4층은 총 4개의 암 카테고리를 구분하기 위하여 사이즈를 4로 지정하였고, 분류 문제이니 활성화 함수로는 소프트맥스를 활용합니다.

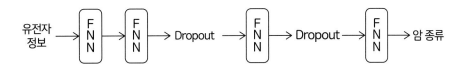

딥러닝 모델 코딩을 시작해 보겠습니다. 예제 폴더를 파이참 프로젝트로 불러옵니다. 로딩이 완료되면 main.py 파일을 열고 〈Python Console〉을 실행합니다.

```
5   from tensorflow import keras
6   import data_reader
7
8   # 몇 에포크만큼 학습시킬 것인지 결정합니다.
9   EPOCHS = 20   # 예제 기본값은 20입니다.
10
11  # 데이터를 읽어옵니다.
12  dr = data_reader.DataReader()
13
14  # 인공신경망을 제작합니다.
15  model = keras.Sequential([
16      keras.layers.Dense(20000),
17      keras.layers.Dense(2048, activation="relu"),
18      keras.layers.Dropout(rate=0.5),
19      keras.layers.Dense(256, activation="relu"),
20      keras.layers.Dropout(rate=0.5),
21      keras.layers.Dense(4, activation="softmax")
22  ])
23
24  # 인공신경망을 컴파일합니다.
25  model.compile(optimizer="adam", metrics=["accuracy"],
26                loss="sparse_categorical_crossentropy")
```

앞서 공부한 방법들을 활용해 무난하게 신경망을 코딩했습니다.
로스로는 "sparse_categorical_crossentropy"를 활용합니다.

인공지능 학습

(1) 인공신경망 학습

```
28  # 인공신경망을 학습시킵니다.
29  print ("\n\n************ TRAINING START ************")
30  early_stop = keras.callbacks.EarlyStopping(monitor="val_loss", patience=10)
31  history = model.fit(dr.train_X, dr.train_Y, epochs=EPOCHS,
32                      validation_data=(dr.test_X, dr.test_Y),
33                      callbacks=[early_stop])
```

val_loss를 대상으로 콜백을 정의하고, fit( ) 함수를 실행하여 학습을 진행합니다.

(2) 학습 결과 출력

```
35   # 학습 결과를 그래프로 출력합니다.
36   data_reader.draw_graph(history)
```

history 변수에 저장된 학습 과정을 그래프로 출력합니다. 예제 폴더 내부에 새로운 이미지 파일이 2개 생성됩니다.

3 인공지능 학습 결과 확인하기

(1) 인공지능의 성능 확인하기

코드를 실행하면 콘솔에 아래와 같은 글자가 출력되며 학습이 진행됩니다.

```
*********** TRAINING START ************
Epoch 1/20
  loss: 0.6002 - accuracy: 0.8627 - val_loss: 0.0762 - val_accuracy: 0.9880
Epoch 2/20
  loss: 0.1502 - accuracy: 0.9862 - val_loss: 0.5139 - val_accuracy: 0.9329
....
Epoch 20/20
  loss: 1.2002e-04 - accuracy: 1.0000 - val_loss: 0.0317 - val_accuracy: 0.9983
```

마지막 줄에 기재된 val_accuracy가 인공지능의 최종 성능에 해당합니다. 정확도 99.83%에 해당합니다.

(2) 학습 기록 확인하기

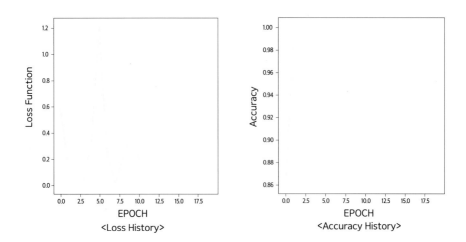

<Loss History>   <Accuracy History>

Loss History와 Accuracy History 모두 학습 초반에는 큰 폭으로 흔들립니다. 아직 가중치 조정이 덜 끝난, 학습이 덜 완료된 단계였기 때문입니다. 학습 후반부에는 로스도 0에 가까운 안정적인 수치가 나오고 정확도도 높은 수준으로 유지됩니다.

학습이 아주 잘 되었습니다. 심지어 중간중간 정확도 100%를 달성한 적도 있었습니다. 그만큼이나 분류가 잘 되는 문제였다는 뜻입니다. 이 말은 암의 유형에 따른 유전자 발현 패턴에는 굉장히 큰 차이가 있다는 이야기이기도 합니다. 유전자 발현 패턴이 워낙 다르니, AI가 헷갈리지 않고 정확하게 암을 진단할 수 있었던 것입니다.

인간은 대략 2만 개 정도의 유전자를 갖고 있습니다. 우리 신체 어디서든 유전자는 동일합니다. 다만 세포의 종류에 따라 그 유전자가 발현되는 정도가 다릅니다.

모든 세포는 주로 발현시키는 유전자와 주로 억제시키는 유전자의 패턴이 어느 정도 정해져 있습니다. 따라서 유전자의 발현 정도만 보면 "이 세포가 무슨 세포구나."를 어느 정도 예측할 수 있습니다. 암세포 역시 마찬가지입니다. 그리고 암세포도 종류마다 유전자 발현 패턴이 모두 조금씩 다릅니다.

패턴이 있는 곳에 머신러닝이 있습니다. 암 환자와 관련된 데이터는 무료로 공개된 자료도 굉장히 많습니다. 그 중 미국에서 공개한 GDC Data Portal은 정말이지 화수분이나 다름없는 공간입니다. 이 곳에서는 암과 관련된 모든 유전자 데이터를 얻을 수 있고, 여기에 적당한 머신러닝 알고리즘을 적용하면 논문이 쏟아져 나왔습니다.

현재는 딥러닝이라는 훌륭한 도구를 갖고 전 세계의 학자들이 GDC 데이터를 분석하고 있습니다. 핵심 자료를 공유하고, 공정한 경쟁을 유도하는 미국의 정책에 그저 감탄할 뿐입니다. GDC 덕분에 인류의 암 정복은 몇 세기는 앞당겨졌을 것입니다.

이번 예제에서 사용한 인공지능은 입력 데이터의 개수가 굉장히 많기 때문에 입력층의 크기가 어쩔 수 없이 커졌습니다. 그리고 2층의 크기는 1층에 비해서는 적은 편이지만 다른 예제에 비해 굉장히 규모가 큰 편입니다. 2층의 크기를 대폭 줄이면 성능이 어떻게 바뀔까요?

• 2층의 규모를 축소하며 AI의 성능 변화를 살펴봅시다.

[의료 AI] BMI(비만도) 분석을 위한 키, 체중 추론

1 프로젝트 소개

앞서 FNN을 활용환 회귀 예제에서 육군 장병 신체검사 데이터를 학습했던 것을 기억하나요? 〈가슴 둘레〉, 〈소매 길이〉, 〈신장〉, 〈허리 둘레〉, 〈샅높이〉, 〈머리 둘레〉, 〈발 길이〉 총 7개의 피쳐를 X값으로 사용하여 〈몸무게〉 값을 예측하는 AI를 제작했었습니다.

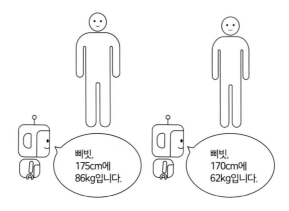

이번에는 같은 데이터로 훨씬 더 어려운 문제를 실습해 보겠습니다. X값 피쳐 개수를 줄이고 〈몸무게〉와 〈키〉를 동시에 예측하는 인공지능을 만들어 보겠습니다. AI에 제공해 주는 정보는 줄어들었고, AI가 예측해야 하는 정보는 늘어났습니다.

예제 코드와 데이터가 수록된 '2_7_2_[의료 AI] BMI(비만도) 분석을 위한 키, 체중 추론 AI' 폴더로 이동하세요.

2 데이터 살펴보기

'data' 폴더를 열어보면 앞서 활용한 육군 장병 신체검사 데이터가 수록된 csv 파일을 확인할 수 있습니다. 이번에는 가슴 둘레, 소매 길이, 허리 둘레, 샅높이, 머리 둘레, 발 길이 총 6개 피쳐를 X값으로 사용하며 키와 몸무게를 Y값으로 사용하겠습니다. 모든 데이터는 0부터 1 사이 수치로 노멀라이즈하여 사용했으며, 트레이닝 데이터와 테스트 데이터의 분할 비율은 8:2입니다.

1층	FNN	6	없음
2층	FNN	256	ReLu
3층	FNN	256	ReLu
4층	FNN	256	ReLu
5층	FNN	256	ReLu
6층	FNN	2	sigmoid

6장에서 활용했던 AI의 구조를 그대로 활용합니다. 피쳐 개수가 6개로 줄었으므로 입력층의 크기를 1 줄여 6으로 세팅했고, 2가지 종류 값을 동시에 회귀분석 하기 위하여 출력층의 크기를 2로 증가시켰습니다.

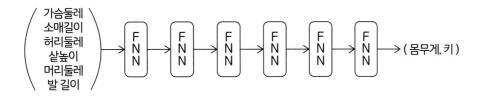

딥러닝 모델 코딩을 시작해 보겠습니다. 예제 폴더를 파이참 프로젝트로 불러옵니다. 로딩이 완료되면 main.py 파일을 열고 〈Python Console〉을 실행합니다.

```
 5      tensorflow          keras
 6         data_reader
 7
 8   # 몇 에포크만큼 학습시킬 것인지 결정합니다.
 9   EPOCHS = 50   # 예제 기본값은 50입니다.
10
11   # 데이터를 읽어옵니다.
12   dr = data_reader.DataReader()
13
14   # 인공신경망을 제작합니다.
15   model = keras.Sequential([
16       keras.layers.Dense(6),
17       keras.layers.Dense(256, activation="relu"),
18       keras.layers.Dense(256, activation="relu"),
19       keras.layers.Dense(256, activation="relu"),
20       keras.layers.Dense(256, activation="relu"),
21       keras.layers.Dense(2, activation="sigmoid")
22   ])
23
24   # 인공신경망을 컴파일합니다.
25   model.compile(optimizer="adam", loss="mse", metrics=["mae"])
```

앞서 활용한 FNN 회귀 코드와 크게 다르지 않습니다. 학습 에포크는 50으로 세팅했습니다. 옵티마이저로는
아담, 로스로는 MSE를 사용했습니다.

(1) 인공신경망 학습

```
27   # 인공신경망을 학습시킵니다.
28       ("\n\n*********** TRAINING START ************")
29   early_stop = keras.callbacks.EarlyStopping(monitor="val_loss", patience=10)
30   history = model.fit(dr.train_X, dr.train_Y, epochs=EPOCHS,
31                       validation_data=(dr.test_X, dr.test_Y),
32                       callbacks=[early_stop])
```

val_loss를 대상으로 콜백을 정의하고, fit() 함수를 실행하여 학습을 진행합니다.

(2) 학습 결과 출력

```
34   # 학습 결과를 그래프로 출력합니다.
35   data_reader.draw_graph(model(dr.test_X), dr.test_Y, history)
```

학습 결과와 함께 hisory 변수에 저장된 학습 과정을 그래프로 출력합니다. 예제 폴더 내부에 새로운 이미지 파일이 2개 생성됩니다. model(dr.test_X) 명령은 인공지능에 test_X를 입력하여 출력 결과를 뽑아내도록 합니다. AI의 추론값과 dr.test_Y를 비교하여 회귀학습의 결과를 한눈에 볼 수 있는 그래프를 그립니다.

(1) 인공지능의 성능 확인하기

코드를 실행하면 콘솔에 아래와 같은 글자가 출력되며 학습이 진행됩니다.

```
************ TRAINING START ************
Epoch 1/50
   loss: 0.0011 - mae: 0.0215 - val_loss: 6.9899e-04 - val_mae: 0.0171
Epoch 2/50
   loss: 6.8676e-04 - mae: 0.0170 - val_loss: 6.0373e-04 - val_mae: 0.0153
....
Epoch 22/50
   loss: 6.1379e-04 - mae: 0.0151 - val_loss: 6.0333e-04 - val_mae: 0.0145
```

콜백이 작동하여 22에포크에서 학습이 멈췄습니다. 학습 최종 성능은 MAE 기준 1.45% 오차 수준입니다. 거의 98% 이상 정답에 근접한 수치를 예측할 수 있다는 의미입니다.

(2) 학습 기록 확인하기

폴더 안에 생성된 train_history.png 파일과 result.png 파일을 열어보겠습니다.

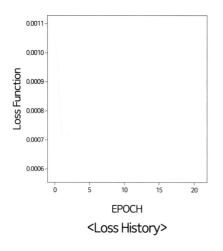

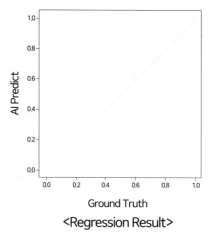

<Loss History> <Regression Result>

테스트 로스 자체는 전반적으로 상당히 안정적입니다. 일부 구간에서 트레이닝 로스보다 낮은 값을 보이기도 합니다. 회귀 결과 또한 짙은 선의 축을 따라 얇게 분포하고 있습니다. 학습이 아주 잘 된 것으로 보입니다.

더 알아보기

FNN Regression을 활용해 여러 개의 값 회귀하기

우리는 앞서 7개의 피쳐를 학습해 1개의 값을 회귀하는 AI를 만들어봤고, 이번 절에서는 6개의 피쳐를 학습해 2개의 값을 회귀하는 AI를 만들어봤습니다. 아무래도 AI에 입력하는 정보가 줄어들면 줄어들수록 학습 난도가 올라가고, AI가 추론해야 하는 정보의 규모가 늘어날 수록 학습 난도가 올라갈 수밖에 없습니다.

농업에서 이온 센서 신호를 처리할 때에는 4개의 피쳐를 입력받아 4개의 값을 추론하는 회귀 모델을 제작하기도 합니다. 현실 데이터의 피쳐를 분해하는 등 경우 1~3개의 피쳐를 입력받아 수십 개의 값을 추론하는 회귀 모델을 제작하는 경우도 있습니다.

딥러닝을 사용하지 않는다면 매번 새로운 회귀 알고리즘을 개발할 필요가 있을 것입니다. 딥러닝을 활용한 회귀 모델이 이럴 때 정말 유용합니다. 입력층과 출력층의 크기만 조절하면 같은 코드를 여러 곳에 바로 적용할 수 있으니 말입니다.

해보기

하이퍼 파라미터의 수정

2층부터 4층까지 신경망의 크기가 256으로 세팅되어 있습니다. 하이퍼 파라미터 수정을 통해 AI의 성능이 변화하는지 살펴봅시다.

• 높은 층으로 갈수록 크기가 작아지도록 하이퍼 파라미터를 수정하여 성능 변화를 살펴봅시다.
• 낮은 층으로 갈수록 크기가 작아지도록 하이퍼 파라미터를 수정하여 성능 변화를 살펴봅시다.

3부

인간의 시각 처리를 흉내 낸
인공지능 - CNN

8장

이미지 분류(Classification) 기법 활용하기

요즘 대형 SNS 앱에는 얼굴 인식 AI가 탑재되어 사진만 보고 인물 태그를 추천해줍니다. 신형 자동차에 대부분 탑재된 주행보조시스템은 카메라로 촬영된 도로 상태를 분석해 차선 이탈 여부 등의 정보를 파악합니다. 이미지를 인식하는 인공지능은 가장 큰 산업적 수요가 있는 분야입니다. 덕분에 대규모 자본이 투입되어 연구가 진행되고 있으며, 모든 인공지능 연구 분야 중 가장 많은 기술이 개발된 분야이기도 합니다. 이번 장에서는 영상 AI의 기본인 이미지 분류 기술을 공부해 보겠습니다.

AI는 손글씨를 인식할 수 있을까?

1 프로젝트 소개

이번 절에서는 FNN을 활용하여 숫자 손글씨를 인식하는 AI를 제작해보겠습니다. 예제 코드가 기록된 '3_8_1_AI는 손글씨를 인식할 수 있을까' 폴더로 이동하세요.

2 데이터 살펴보기

이번 예제 폴더에는 'data' 폴더가 없습니다. 예제 코드를 실행하면 데이터가 자동으로 다운로드되며 학습이 시작됩니다.

이번 절에서 사용할 데이터는 MNIST 데이터셋입니다. '엠니스트'라고 발음합니다. 아래 그림은 MNIST 데이터의 일부입니다. MNIST는 0부터 9까지 숫자를 손으로 그린 손글씨 데이터이며, 트레이닝 데이터 6만 장과 테스트 데이터 1만 장, 총 7만 장으로 구성되어 있습니다.

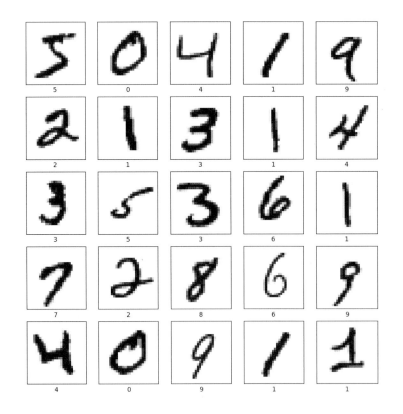

MNIST 데이터는 가로세로 28픽셀 크기의 이미지입니다. 배경의 값은 0이며 숫자가 기재된 구역의 값은 255 입니다. 이번 절의 예제는 배경의 값을 0으로, 숫자가 기재된 구역의 값을 1로 노멀라이즈하여 학습에 활용합니다.

③ 어떤 인공지능을 만들 건가요?

(1) 신경망의 구조

이번에는 3층짜리 FNN을 제작합니다. 신경망의 구조는 아래와 같습니다.

층 수	종류	크기	활성화 함수
1층	Flatten	28 x 28	없음
2층	FNN	256	ReLu
3층	FNN	10	Softmax

1층에 'Flatten'이라는 용어가 등장했습니다. 영어단어 flat은 '납작한'이라는 뜻이며, flatten은 '납작하게 만들다'라는 의미입니다. 말 그대로 입력받은 데이터를 납작하게 만들어 주는 것입니다. Flatten 레이어에서 일어나는 일은 따로 상세히 설명하겠습니다.

2층은 크기 256에 렐루를 활성화 함수로 사용하는 평범한 신경망입니다. 3층은 총 10종류의 숫자를 분류하기 위해 분류 대상 카테고리의 개수에 맞추어 크기는 10, 활성화 함수는 소프트맥스로 설정하였습니다.

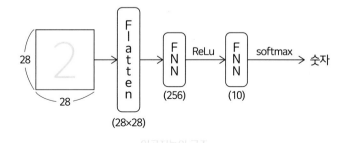

인공지능의 구조

(2) Flatten 레이어

'Flatten'에 대해 이해하려면 먼저 이미지의 구조에 대해 이해할 필요가 있습니다. 수학 시간에 그래프와 x축, y축에 대해서 배운 기억이 나시나요? 이미지 파일 역시 x축과 y축으로 이루어진 데이터입니다. 이미지의 가로 방향은 x축, 세로 방향은 y축에 해당합니다.

그런데 우리가 지금까지 FNN에 입력한 데이터는 2차원 데이터가 아니라 1차원의 데이터입니다. 앞서 사용했던 데이터를 살펴보겠습니다.

(성별, 키, 몸무게)

(꽃받침 길이, 꽃받침 너비, 꽃잎 길이, 꽃잎 너비)

(가슴 둘레, 소매 길이, 신장, 허리 둘레, 샅높이, 머리 둘레, 발 길이)

모두 일렬로 줄 세울 수 있는 형태의 데이터입니다. FNN은 1차원 데이터만 입력받을 수 있습니다. 그래서 2차원인 이미지 데이터를 FNN에 입력할 때에는 2차원인 데이터를 1차원으로 만들어 주는 과정이 필요합니다. Flatten 레이어는 이 역할을 수행합니다.

다음은 3×3 사이즈의 이미지 데이터를 'Flatten'하는 과정입니다. 직관적으로 이해가 되시나요? 이미지의 픽셀을 위에서부터 한 줄씩 잘라내어 옆으로 이어붙이는 방식입니다.

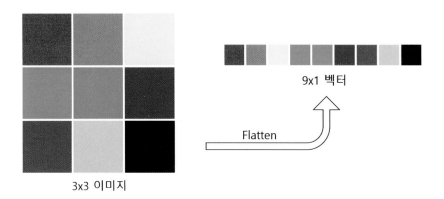

3x3 이미지

다음은 4×4 사이즈 공간에 입력된 손글씨 7을 'Flatten'하는 과정을 표현한 그림입니다. 이번 예제에서는 28×28 사이즈인 이미지를 'Flatten'해 한 줄로 이어붙여 인공지능의 입력값으로 사용합니다. 변환된 벡터의 사이즈는 784×1입니다.

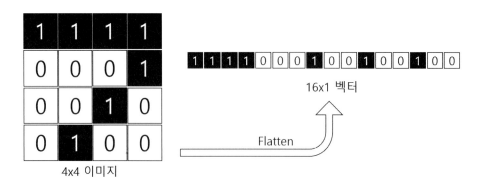

4x4 이미지

딥러닝 모델 코딩을 시작해 보겠습니다. 예제 폴더를 파이참 프로젝트로 불러옵니다. 로딩이 완료되면 main.py 파일을 열고 〈Python Console〉을 실행합니다.

(1) 라이브러리 불러오기

코드의 5번째 줄과 6번째 줄에서 라이브러리를 불러옵니다.

```
5        tensorflow        keras
6          data_reader
```

(2) 에포크(Epoch) 결정하기

이번 예제에서는 에포크를 20으로 지정하겠습니다.

```
8   # 몇 에포크만큼 학습시킬 것인지 결정합니다.
9   EPOCHS = 20   # 예제 기본값은 20입니다.
```

(3) 데이터 읽어오기

코드의 12번째 줄에서 데이터를 불러옵니다. DataReader( )가 호출되면 컴퓨터에 MNIST가 설치되어 있는지 확인합니다. 설치되어 있지 않다면 케라스 허브에서 MNIST 데이터를 다운로드하고, 이후 데이터를 불러옵니다. 불러온 데이터는 트레이닝 데이터 6만 장과 테스트 데이터 1만 장으로 나눕니다.

```
11   # 데이터를 읽어옵니다.
12   dr = data_reader.DataReader()
```

(4) 인공신경망 제작하기

16번째 줄에서 Flatten( ) 함수를 사용하는 방법에 주목하세요. input_shape에 입력하려는 이미지 데이터의 크기를 입력하면 됩니다. MNIST 이미지는 28x28 사이즈이므로 (28, 28)을 입력했습니다.

17번째 줄에서는 크기 128짜리 신경망을 제작하며 활성화 함수를 렐루로 지정하고 있으며, 18번째 줄에서는 출력층을 정의합니다. 0부터 9까지 총 10개의 숫자를 구분하는 문제이므로 출력층의 크기는 10이고, 분류 문제이므로 활성화 함수를 소프트맥스로 지정했습니다.

```
14   # 인공신경망을 제작합니다.
15   model = keras.Sequential([
16       keras.layers.Flatten(input_shape=(28, 28)),
17       keras.layers.Dense(128, activation="relu"),
18       keras.layers.Dense(10, activation="softmax")
19   ])
```

(5) 인공신경망 컴파일하기

인공신경망을 컴파일합니다. 옵티마이저는 아담, 메트릭으로는 accuracy를 활용하고 있으며 분류 문제답게 크로스 엔트로피를 로스로 사용합니다.

```
21   # 인공신경망을 컴파일합니다.
22   model.compile(optimizer="adam", metrics=["accuracy"],
23                 loss="sparse_categorical_crossentropy")
```

🔵 인공지능 학습

(1) 인공신경망 학습

val_loss를 대상으로 콜백을 정의하고, fit( ) 함수를 실행하여 학습을 진행합니다.

```
25   # 인공신경망을 학습시킵니다.
26   print ("\n\n*********** TRAINING START ************")
27   early_stop = keras.callbacks.EarlyStopping(monitor="val_loss", patience=10)
28   history = model.fit(dr.train_X, dr.train_Y, epochs=EPOCHS,
29                       validation_data=(dr.test_X, dr.test_Y),
30                       callbacks=[early_stop])
```

(2) 학습 결과 출력

history 변수에 저장된 학습 과정을 그래프로 출력합니다. 예제 폴더 내부에 새로운 이미지 파일이 2개 생성됩니다.

```
32   # 학습 결과를 그래프로 출력합니다.
33   data_reader.draw_graph(history)
```

(1) 인공지능의 성능 확인하기

코드를 실행하면 콘솔에 아래와 같은 글자가 출력되며 학습이 진행됩니다.

```
************* TRAINING START *************
Epoch 1/20
  loss: 0.2508 - accuracy: 0.9280 - val_loss: 0.1273 - val_accuracy: 0.9618
Epoch 2/20
  loss: 0.1102 - accuracy: 0.9676 - val_loss: 0.0990 - val_accuracy: 0.9691
....
Epoch 14/20
  loss: 0.0086 - accuracy: 0.9974 - val_loss: 0.0883 - val_accuracy: 0.9798
```

저자가 예제를 실행하니 콜백이 작동하여 14에포크에서 학습이 멈췄습니다. 마지막 줄에 기재된 val_accuracy가 인공지능의 성능에 해당합니다. 97.98%의 정확도를 보이고 있습니다.

(2) 학습 기록 확인하기

폴더 안에 생성된 train_history.png 파일과 result.png 파일을 열어보겠습니다.

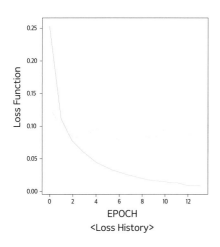
<Loss History>

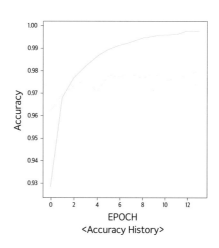
<Accuracy History>

〈Loss History〉를 먼저 살펴보겠습니다. 짙은 선은 트레이닝 로스이고, 옅은 선은 테스트 로스입니다. 짙은 선은 꾸준히 값이 내려가고 있지만, 옅은 선은 3에포크 이후 감소하지 않습니다. 3에포크 이후 오버피팅이 발생한 것입니다.

〈Accuracy History〉의 경우에도 3에포크 이후 눈에 띄는 성능 향상이 딱히 없는 것으로 관찰됩니다. 다만 1에포크에서 이미 정확도가 97%가량이나 됩니다. 오버피팅이 되었지만, 꽤 괜찮은 성능의 인공지능을 만드는 데 성공한 것입니다.

MNIST와 Fashion MNIST

MNIST는 미국의 National Institute of Standards and Technology에서 제작한 데이터베이스입니다. 이 기관의 약자인 NIST 앞에 Modified의 M이 붙어 MNIST입니다. MNIST 데이터셋은 손으로 작성한 숫자 데이터를 포함하고 있으며, 인공지능 학습에 용이하도록 데이터의 배경은 0으로, 글자 영역은 255로 노멀라이즈되어 있습니다. 데이터의 크기도 큰데 활용하기 편하게 가공까지 되어 있어 전 세계적인 인기를 누리게 되었습니다.

MNIST의 친척뻘인 데이터셋도 많이 있습니다. 그 중 가장 유명한 것은 Fashion MNIST입니다. 이 데이터는 패션 및 라이프스타일 제품 전자상거래 플랫폼인 Zalando사의 패션의류 데이터를 가공하여 제작한 데이터셋입니다. 상의, 하의, 가방, 부츠, 코트 등 총 10종류 카테고리의 의류 데이터를 수집하여 MNIST와 마찬가지로 28×28사이즈로 정리한 데이터입니다. 이 책의 다음 장에서 〈Fashion MNIST〉 데이터를 학습해 패션의류 디자인을 창조하는 창의적인 인공지능을 만들어 볼 것입니다.

드롭아웃

이번 예제의 결과는 오버피팅이 심하게 발생합니다. 앞서 드롭아웃을 활용하면 오버피팅을 피할 수 있다고 소개했습니다. 정말로 드롭아웃이 효과가 있는지 확인해 보겠습니다.

- 드롭아웃을 적용하여 오버피팅이 줄어드는지 확인해 보기
  드롭아웃은 크기가 큰 레이어에 적용할 때 더욱 효과적입니다.

AI는 사물을 구분할 수 있을까?

절 2

프로젝트 소개

FNN 모델이 MNIST의 숫자 손글씨 데이터를 잘 분류하는 것은 확인했습니다. 그렇다면 손글씨보다 복잡한 데이터는 어떨까요?

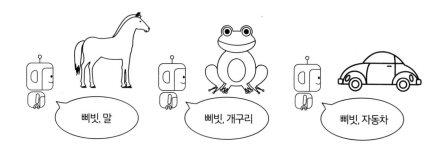

FNN 인공지능이 조금 더 복잡한 이미지도 잘 분류할 수 있는지 확인해보겠습니다. 예제 코드가 기록된 '3_8_2_AI는 사물을 구분할 수 있을까' 폴더로 이동하세요.

데이터 살펴보기

이번 예제 폴더에는 'data' 폴더가 없습니다. 예제 코드를 실행하면 데이터가 자동으로 다운로드되며 학습이 시작됩니다. 이번 예제에서는 CIFAR10 데이터셋을 활용합니다.

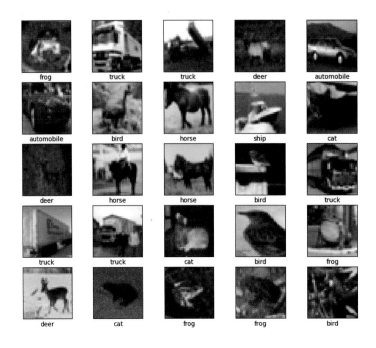

CIFAR10 데이터의 일부입니다. CIFAR10에는 개구리, 트럭, 사슴, 자동차 등 현실 세계의 사물 10종류 데이터가 포함되어 있습니다. 트레이닝 데이터 5만 장, 테스트 데이터 1만 장 규모로 구축된 데이터입니다. 각각의 사진은 32×32 사이즈의 컬러 이미지입니다. 데이터의 차원을 표현하면 (32, 32, 3)입니다. 컬러 이미지는 RGB(Red, Green, Blue) 3가지 색상을 각각 표현해야 하므로 가로세로 외에 3개의 차원이 추가로 필요합니다. 이번 예제에서는 단순하게 이미지를 흑백으로 변환하여 색상 표현에 필요한 차원을 날려버리겠습니다. 흑백으로 변환된 이미지 데이터의 차원은 (32, 32)입니다.

3 어떤 인공지능을 만들 건가요?

(1) 신경망의 구조

앞 절 예제에서 사용한 신경망의 구조를 그대로 사용합니다.

층수	종류	크기	활성화 함수
1층	Flatten	32×32	없음
2층	FNN	256	ReLu
3층	FNN	10	Softmax

1층의 크기만 28×28에서 32×32로 바뀌었고 다른 모든 정보는 동일합니다.

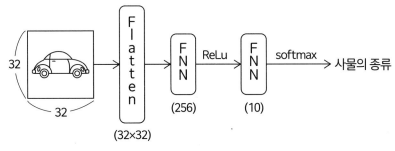

인공지능의 구조

딥러닝 모델 코딩

입력층의 크기를 (32, 32)로 바꾼 것을 제외하면 앞 절의 예제 코드와 동일합니다.

```
5   from tensorflow import keras
6   import data_reader
7
8   # 몇 에포크만큼 학습시킬 것인지 결정합니다.
9   EPOCHS = 20    # 예제 기본값은 20입니다.
10
11  # 데이터를 읽어옵니다.
12  dr = data_reader.DataReader()
13
14  # 인공신경망을 제작합니다.
15  model = keras.Sequential([
16      keras.layers.Flatten(input_shape=(32, 32)),
17      keras.layers.Dense(128, activation="relu"),
18      keras.layers.Dense(10, activation="softmax")
19  ])
20
21  # 인공신경망을 컴파일합니다.
22  model.compile(optimizer="adam", metrics=["accuracy"],
23                loss="sparse_categorical_crossentropy")
```

(1) 인공신경망 학습

val_loss를 대상으로 콜백을 정의하고, fit( ) 함수를 실행하여 학습을 진행합니다.

```
25   # 인공신경망을 학습시킵니다.
26   print("\n\n************ TRAINING START ************")
27   early_stop = keras.callbacks.EarlyStopping(monitor="val_loss", patience=10)
28   history = model.fit(dr.train_X, dr.train_Y, epochs=EPOCHS,
29                       validation_data=(dr.test_X, dr.test_Y),
30                       callbacks=[early_stop])
```

(2) 학습 결과 출력

history 변수에 저장된 학습 과정을 그래프로 출력합니다. 예제 폴더 내부에 새로운 이미지 파일이 2개 생성됩니다.

```
32   # 학습 결과를 그래프로 출력합니다.
33   data_reader.draw_graph(history)
```

(1) 인공지능의 성능 확인하기

코드를 실행하면 콘솔에 아래와 같은 글자가 출력되며 학습이 진행됩니다.

```
************ TRAINING START ************
Epoch 1/20
  loss: 2.0462 - accuracy: 0.2573 - val_loss: 1.9644 - val_accuracy: 0.2997
Epoch 2/20
  loss: 1.9140 - accuracy: 0.3153 - val_loss: 1.8751 - val_accuracy: 0.3302
....
Epoch 20/20
  loss: 1.6589 - accuracy: 0.4126 - val_loss: 1.7272 - val_accuracy: 0.3849
```

마지막 줄에 기재된 val_accuracy가 인공지능의 성능에 해당합니다. 38.49%의 정확도를 보입니다. 10개의 카테고리 중 1개를 임의로 선택하는 문제이므로 완전히 무작위로 카테고리를 골라서 맞힐 확률은 10%입니다. 10%를 넘는 것을 보니 일단 약간 학습이 된 것 같기는 하지만, 아쉬운 성능입니다.

(2) 학습 기록 확인하기

폴더 안에 생성된 train_history.png 파일과 result.png 파일을 열어보겠습니다.

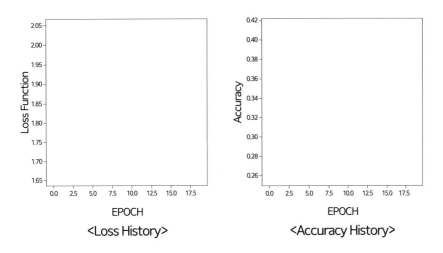

<Loss History>   <Accuracy History>

Loss History를 먼저 살펴보겠습니다. 짙은 선은 트레이닝 로스이고, 옅은 선은 테스트 로스입니다. 우선 짙은 선은 꾸준히 감소하고는 있지만, 그 값이 낮은 편이 아닙니다. MNIST 데이터를 분류할 때는 로스가 거의 0에 가까웠는데 지금은 1.6이 넘는 수치입니다. 옅은 선은 오버피팅의 조짐까지 보입니다.

Accuracy History의 경우 옅은 선과 짙은 선 모두 에포크가 지남에 따라 서서히 증가하고는 있습니다. 하지만 그 수치가 50%조차 되지 않으며, 뒤로 갈수록 옅은 선과 짙은 선의 간격이 벌어지는 것을 보니 오버피팅까지 발생했습니다.

앞 절에서 MNIST 데이터를 대상으로는 98%에 가까운 정확도를 보였던 FNN 딥러닝 모델은, CIFAR10 데이터를 학습하는 데 실패했습니다. 다음 절에서는 40%조차 되지 않는 정확도를 70%까지 끌어올리는 방법을 알아보겠습니다.

CIFAR10 데이터셋

CIFAR10은 MNIST나 Fashion MNIST와 달리 컬러 이미지이고, 분류 난도가 높은 편입니다. 특히나 개구리 데이터가 몹시 악질입니다. 가끔 사람이 봐도 자동차인지 개구리인지 구분이 힘든 개구리 그림이 섞여 있습니다. 그림 해상도가 낮기 때문일 것입니다.

컬러 이미지인데다가 난이도까지 있으니 CIFAR10 데이터셋은 영상 AI의 성능을 평가하는 공정한 척도로 사용하기에 적합합니다. 전 세계의 AI 연구진들이 딥러닝 Classification 알고리즘으로 CIFAR10 데이터셋을 정복하기 위해 노력하고 있습니다. 총 100개의 클래스를 분류하기 위한 CIFAR100이라는 데이터셋도 존재합니다.

https://paperswithcode.com/sota/image-classification-on-cifar-10

위 주소로 접속하면 CIFAR10 분류 문제를 해결하는 AI의 현시점 최고 성능이 어느 정도인지 조회할 수 있습니다.

프로젝트 응용하기

하이퍼 파라미터의 조정

하이퍼 파라미터를 조정하거나 드롭아웃을 적용하여 FNN 모델의 성능을 향상시킬 수 있는지 확인해봅시다.

시각적 정보 학습의 달인, CNN을 소개합니다!

이번 절에서는 뇌과학과 합성곱 연산 등 어려운 개념을 다룹니다. 이해를 돕는 데 설명이 충분하지 않다면 이번 절은 공부하지 않고 넘어가도 좋습니다. "CNN을 사용하면 시각적 정보가 잘 학습된다."는 사실 하나만 기억해 주면 좋겠습니다.

1 딥러닝, 인간의 뇌를 따라 하는 인공지능

퍼셉트론은 인간의 뇌세포를 흉내 내는 기계이며, 퍼셉트론 레이어를 여러 층 쌓아 올리는 것은 인간의 뇌를 모방하기 위한 것입니다. 딥러닝이 다른 인공지능에 비해 효과가 뛰어난 것은 어찌 보면 인간의 뇌를 흉내 냈기 때문일지도 모릅니다. 앞서 FNN 인공지능이 이미지 분류에 실패하는 것을 살펴봤습니다.

사실 퍼셉트론은 인간의 뇌가 시각적 정보를 처리하는 방식을 모사하기에 적절하지 않습니다. 영상 정보를 잘 학습하려면 사람의 뇌가 영상을 처리하는 방식을 따라 하는 것이 좋지 않을까요? 우선 우리의 뇌가 시각적 정보를 처리하는 방법에 대해 아주 간략하게 살펴보겠습니다.

2 인간의 뇌가 시각 정보를 처리하는 방법

(1) 시각 정보가 흘러가는 경로

시각적 정보는 안구와 시신경을 거쳐 뇌의 외측슬상핵[7]을 통해 시각피질[8]로 이동합니다. 시각피질은 대뇌의 양쪽 후두엽에 있습니다. 시각피질은 입력받은 정보를 처리하여 측두엽의 아랫부분에 있는 IT (아래관자피질)와 두정엽으로 전달합니다.

안구로부터 흘러온 정보가 아래관자피질까지 전달되는 경로를 조금 살펴보겠습니다. 시각 피질은 V1, V2, V3, V4, V5, V6 등 다양한 영역으로 나뉩니다. 이 중 V1, V2, V4만 다음 페이지의 그림에 표현하였습니다.

(2) 경계선을 인식하는 'V1'

'V1'은 시각 피질에서 가장 연구가 많이 된 분야입니다. 외측 슬상핵으로부터 전달받은 시각적 정보를 분석하여 중요한 정보를 강조하는 것이 주된 역할입니다. 〈V1〉은 시각적 정보에서 방향과 색의 작은 변화를 구분할 수 있습니다. 또한 〈V1〉은 시각 정보의 공간적 정보보다는 '선'과 '모서리', '가장자리'를 주로 탐지하는

---

7   외측슬상체 속에 모여 있는 신경 세포체의 집단. 이것은 망막에서 오는 시각전달 신경 섬유를 대뇌 겉질로 중계하는 신경핵입니다.

8   대뇌 겉질의 뒤통수엽에서 시각에 관여하는 부분입니다.

것으로 알려져 있습니다. 아래 왼쪽 그림을 뇌가 처리할 때, 〈V1〉은 까만색과 흰색 사이의 경계 부분의 정보는 잘 처리하지만, 색상 자체를 인식하는 뉴런은 거의 없다고 알려져 있습니다.

(3) 모양을 인식하는 'V2'

'V2'는 모양이나 형태, 양쪽 눈으로 입력된 정보의 불균형(원근감) 등의 정보를 처리합니다. 위의 오른쪽 그림을 살펴보겠습니다. 혹시 여러분의 눈에 하얀색 삼각형이 보이시나요? 실제로는 일부가 잘려나간 원이 3개 그려져 있을 뿐이지만 우리의 뇌는 존재하지 않는 가상의 삼각형을 만들어 인지합니다. 'V2'에서 모양에 대한 정보를 워낙 많이 처리하다보니 발생하는 착시현상입니다. 일종의 오버피팅이라고 볼 수 있겠습니다.

(4) 형상을 인식하는 'V4'

'V4'는 'V1'이나 'V2'만큼 연구가 진행되지는 않았습니다만 기하학적 도형과 같이 복잡성이 있는 개체 또는 물체를 인식하는 역할을 수행하는 것으로 알려져 있습니다.

(5) 최종적으로 정보를 처리하는 'IT'

'V4'가 출력한 정보는 측두엽의 하방에 있는 'IT'로 전달됩니다. 'IT'는 최종적으로 시각적 정보를 처리하여 인간의 눈으로 들어온 시야에 대한 정보를 해석하여 물체를 인식합니다.

(6) 시각 정보의 처리 과정 요약

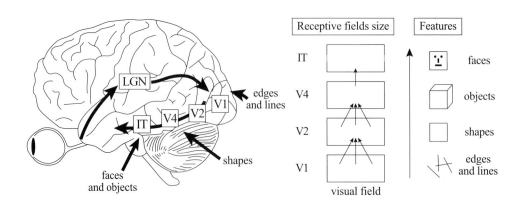

앞의 그림은 지금까지 설명한 내용을 요약한 그림으로, 아론 클라크(Aaron M. Clarke)가 2014년에 발표한 논문을 재구성한 것입니다. 인간의 뇌가 시각 정보를 처리하는 과정은 이렇게나 복잡합니다. 하지만 한 가지 분명한 것이 있습니다. 인간의 뇌는 선이나 모서리같이 간단한 피쳐를 먼저 처리하고, 모양과 물체의 형태, 얼굴 등 복잡하고 추상화된 정보는 나중에 처리한다는 점입니다.

인간의 시각 정보 처리를 모사한 신경망, CNN

(1) CNN의 정의

CNN은 Convolutional Neural Network의 약자로, 한국어로 번역하면 '합성곱 신경망'이라는 어려운 용어가 됩니다. 합성곱은 도대체 무슨 의미일까요? 편의상 CNN이라는 이름으로 부르도록 하겠습니다.
FNN의 주된 재료가 퍼셉트론이라면 CNN의 주된 재료는 '필터(filter)'입니다. 카메라 앱에서 사진에 필터를 적용하면 사진의 분위기가 변하지요? CNN의 필터 또한 비슷한 개념입니다. 이미지에 필터를 씌워 원본 데이터를 변형하고, 변형된 데이터를 다음 층으로 출력하는 것이 CNN의 주된 작동 원리입니다. 예시를 들어 설명해 보겠습니다.

(2) CNN의 계산 방법 – 필터의 적용 방법

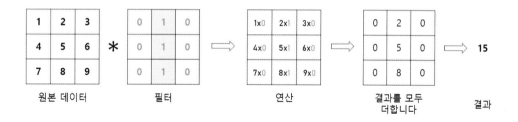

원본 데이터   필터   연산   결과를 모두 더합니다   결과

3×3 크기의 작은 이미지에 필터를 적용하는 과정을 그림으로 준비해 봤습니다. 필터의 크기 또한 3×3 입니다. 필터의 숫자를 유심히 살펴보기 바랍니다. 가운데 줄을 제외한 모든 값은 0이고, 가운데 줄은 값이 1입니다. 값이 1인 영역에만 음영을 칠했습니다.
이 필터는 세로 방향으로만 값이 지정되어 있습니다. 이렇게 생긴 필터는 세로 방향의 정보를 잘 추론합니다. 지금부터 이 필터가 왜 세로 방향의 정보를 잘 뽑아내는지 살펴보겠습니다.
이미지에 필터를 적용할 때는 위 그림과 같이 이미지와 필터의 같은 자리에 있는 숫자를 곱해줍니다. 왼쪽의 원본 데이터에 필터를 적용한 결과는 위 그림의 맨 우측에 있는 데이터입니다. 최종적으로 데이터에서 세로 방향의 정보인 (2, 5, 8)만 살아남았고 가로 방향의 정보는 모두 사라져버렸습니다.
세로 방향 필터를 적용하면 원본 이미지에서 세로 방향 피쳐와 관련이 있는 정보만 뽑아낼 수 있습니다. 필터가 세로 방향이 아니라 가로 방향으로만 값이 지정되어 있었다면 세로 방향의 정보가 모두 사라지고 가로 방향의 정보만 남았을 것입니다. 앞서 살펴본 'V1'의 기능과 유사하지 않나요?

(3) CNN의 계산 방법 – 필터의 이동

원본 데이터의 크기가 필터보다 클 때는 어떻게 계산하면 좋을까요? 아래 그림을 살펴보기 바랍니다. 필터가 좌측 상단에서부터 한 칸씩 이동하고 있습니다. 원본 데이터가 4×4 크기일 때 3×3 필터는 총 4번 적용할 수 있으며, 결과적으로 4개의 숫자가 뽑혀 나오게 됩니다. 이 숫자들을 순서대로 배치하여 최종 결과물을 만들었습니다.

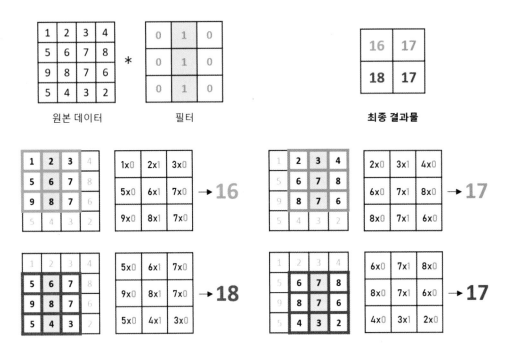

필터를 좌측 상단에 적용해서 구한 값은 최종 결과물의 좌측 상단에 입력하고, 필터를 우측 하단에 적용해 구한 값은 최종 결과물의 우측 하단에 입력합니다.

(4) 이미지 크기의 감소

CNN 적용 결과 이미지의 크기가 감소한 것을 확인하세요. 세로 방향 필터를 적용하면 가로 방향 정보가 모두 사라지는 것을 앞서 살펴보았습니다. 필터를 적용하면 불필요한 정보는 삭제되고, 이미지의 크기 또한 압축됩니다.

(5) 제로 패딩

필터를 적용하면서도 이미지의 크기를 축소하지 않는 기법으로 '제로 패딩'이라는 기법이 있습니다. 제로 패딩은 아래 그림과 같이 이미지의 가장자리에 숫자 0을 빙 두르는 기법입니다. 마치 이미지가 더욱 넓어진 것과 같은 효과가 발생하므로 필터를 적용한 결과물의 사이즈가 원본 사이즈와 동일합니다.

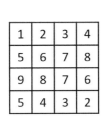

원본 데이터   제로 패딩

⚙ CNN도 신경망인가요?

지금까지 살펴본 필터의 적용 방법은 퍼셉트론과는 많이 다른 것 같습니다. 그래서 CNN도 신경망인지 잘 와 닿지 않을 수도 있습니다. CNN은 모양이 조금 다르긴 하지만 신경망이 맞습니다.

CNN의 가중치는 필터에 들어있는 숫자들입니다. 3×3 사이즈 필터는 총 9개의 가중치를 가집니다. FNN 에서 한 층에 들어가는 퍼셉트론의 개수를 정할 수 있었듯, 한 층의 CNN에도 여러 개의 필터가 들어갈 수 있습니다. 3×3 사이즈 필터를 총 10개 사용하는 CNN 층은 90개의 가중치를 가진 것입니다.

⚙ CNN의 학습

FNN의 학습이 가중치를 변화시키는 과정이었듯, CNN의 학습 역시 가중치를 변화시키는 과정이라는 점이 동일합니다. CNN의 가중치는 초기에 모두 무작위로 선택되지만, 학습이 진행되며 조금씩 그 값이 달라집니다.

결과적으로 학습이 끝날 무렵이 되면 각각의 필터가 서로 다른 정보를 추출하게 됩니다. 어떤 필터는 〈가로〉, 어떤 필터는 〈세로〉, 또 어떤 필터는 〈대각선〉 정보를 잘 뽑아내도록 학습이 되겠지요. 그리고 이 정보들은 다음 층에서 취합되어 조금 더 추상적이고 복잡한 형태 정보를 처리하게 됩니다. 마치 인간의 시각 피질처럼 말이지요.

Hierarchical Feature Map(HFM)

CNN을 여러 층 쌓아 올리면 인간의 시각 피질과 마찬가지로 아래층일수록 단순한 정보를, 위층으로 올라갈수록 추상화되고 복잡한 정보를 처리하도록 학습됩니다. 이때 각각의 층에서 처리하는 정보를 정리하여 그림으로 표현한 것을 'Hierarchical Feature Map'이라고 합니다.

예를 들어 사람의 얼굴을 학습한 CNN은 (가로, 세로, 대각선) – (눈, 코, 입, 귀) – (얼굴 윗부분, 얼굴 아랫부분, 얼굴 왼쪽 부분, 얼굴 윤곽) 등의 순서로 정보를 학습하고 처리합니다.

저작권 문제가 염려되어 피쳐맵과 관련된 이미지는 책에 수록하지는 않았습니다. 시간이 되신다면 구글에 'hierarchical feature map'이라는 키워드를 검색하여 자료를 검색해 보기를 추천합니다.

CNN AI는 사물을 구분할 수 있을까?

프로젝트 소개

2절에서 FNN으로 CIFAR10 데이터를 분류하는 데 실패했습니다. 그렇다면 과연 '인간의 시각 피질을 모사'했다는 거창한 수식어가 붙은 CNN은 CIFAR10 데이터를 학습할 수 있을까요? 이번 절에서는 CNN 인공지능을 코딩하는 방법을 익히는 데 의의를 두겠습니다.

예제 코드가 수록된 '3_8_4_CNN AI는 사물을 구분할 수 있을까' 폴더로 이동하세요.

데이터 살펴보기

이번에도 'data' 폴더가 포함되어 있지 않습니다. 코드가 실행되면 다운로드 여부를 확인하여 자동으로 CIFAR10 데이터를 불러옵니다. FNN은 색상 정보를 처리할 수 없으므로 Flatten을 실행하기에 앞서 이미지를 흑백으로 변환시키는 과정이 필요했습니다. CNN은 컬러 채널 정보를 처리할 수 있으므로 별도로 흑백으로의 변환 없이 데이터를 사용합니다.

단, 노멀라이즈는 수행해 주겠습니다. 원본 이미지는 0부터 255 사이의 숫자로 표현된 데이터인데 이 숫자들을 255.0으로 나누어 0부터 1 사이의 숫자로 변환하겠습니다.

어떤 인공지능을 만들 건가요?

(1) 신경망의 구조

코드	종류	크기	결정화 함수
1층	CNN	32, (3, 3)	–
–	BatchNorm	–	ReLu
–	MaxPool	(2, 2)	–
2층	CNN	64, (3, 3)	–
–	BatchNorm	–	ReLu
–	MaxPool	(2, 2)	–
3층	CNN	64, (3, 3)	–
–	BatchNorm	–	ReLu
4층	Flatten	–	–
5층	FNN	128	ReLu

–	DropOut	rate=0.5	–
6층	FNN	10	SoftMax

설명할 것이 많습니다. 1층, 2층, 3층은 모두 CNN이고 활성화 함수는 렐루입니다. CNN의 크기는 〈필터의 개수〉와 〈필터의 사이즈〉로 구분됩니다. 1층의 경우 필터의 개수는 32, 필터의 크기는 (3, 3)입니다. 2층과 3층은 필터의 개수가 64개이며 필터의 크기는 (3, 3)으로 동일합니다.

그런데 중간중간 'BatchNorm'이라는 용어가 등장합니다. 앞서 살펴본 드롭아웃처럼 인공지능의 성능 향상을 위해 사용하는 연산입니다. 활성화 함수로는 렐루를 사용했습니다. 활성화 함수를 배치 노멀라이즈 이후에 적용한 것에 주목하세요. 'CNN – 배치 노멀라이즈 – 활성화 함수 – 풀링'의 순서로 적용합니다.

각각의 배치 노멀라이즈 뒤에 'MaxPool'이라는 용어가 등장했습니다. 'MaxPool'은 '풀링 레이어(pooling layer)'라고 부르는 도구이며, 이미지의 사이즈를 줄이기 위해 사용합니다. 뒤에서 따로 설명하겠습니다.

4층에서는 갑자기 'Flatten'이 등장합니다. 각 층의 CNN은 필터가 적용된 이미지를 출력합니다. 이 이미지는 가로축과 세로축으로 구성된 2차원 데이터이므로 FNN에는 바로 입력하는 것이 불가능합니다. 따라서 앞 절에서 이미지를 1차원 데이터로 변환시켰듯 Flatten 레이어를 적용해 주어야 CNN의 출력물을 FNN으로 입력시킬 수 있습니다.

5층은 렐루가 적용된 평범한 FNN이며 드롭아웃을 사용합니다. 마지막으로 출력층은 CIFAR10의 10개 카테고리를 구분하기 위하여 크기 10에 소프트맥스를 활용하는 FNN으로 구성하였습니다. CNN이 이미지 정보를 압축해 주면, 뒤에 FNN이 분류 문제를 해결하는 형태의 모델입니다.

'CNN – 배치 노멀라이즈 – 활성화 함수 – 풀링'의 순서로 레이어를 적용한 것에 주목하세요.

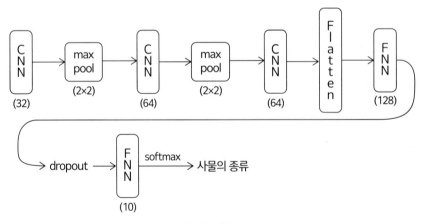

인공지능의 구조

(2) 배치 노멀라이즈

이번 예제에서는 신경망을 6층이나 쌓아 올립니다. 산업에서 이용되는 AI들은 수십 층 혹은 100층 이상 깊게 쌓는 경우도 많습니다.

구글의 연구원인 세르게이 아이오페(Sergey Ioffe)는 신경망을 깊게 쌓으면 쌓을수록 '내부 공변량 변화(internal covariate shift)'라는 문제가 발생한다고 주장했습니다. 즉, 학습 과정에서 각 층의 신경망 분포가 다르게 학습되기 때문에, 이전 층의 왜곡이 다음 층에도 영향을 끼친다는 이야기입니다. 세르게이 아이오페는 이 문제를 해결하기 위한 수단으로 2015년에 배치 노멀라이즈(batch nomalize)라는 알고리즘을 제안했습니다. 배치 노멀라이즈는 실용성이 굉장히 뛰어났습니다. 아무 딥러닝 모델에나 배치 노멀라이즈를 적용하면 학습이 잘 되고 성능이 올라갔습니다. 모델의 규모가 조금 커진다 싶으면 묻지도 따지지도 않고 배치 노멀라이즈를 적용하는 것이 트렌드가 되었습니다.

그런데 2018년, MIT의 연구원인 쉬바니 산투르카르(Shibani Santurkar)가 전 세계에서 가장 권위 있는 인공지능 학회 중 하나인 'Neural IPS'에 흥미로운 연구결과를 발표합니다. 배치 노멀라이즈가 성능 향상에 도움을 주는 것은 사실이지만, 배치 노멀라이즈는 'Internal Covariate Shift'를 감소시키는 효과가 없다는 것입니다.

배치 노멀라이즈가 성능을 높여주는 정확한 원리는 아직도 논쟁거리입니다. 하지만 아무러면 어떻습니까? 원리는 잘 모르겠지만 AI의 성능이 좋아지는데, 그냥 활용하면 되지 않을까요?

(3) 풀링 레이어

풀링 레이어는 이미지의 크기를 감소시키기 위해 사용하는 장치입니다. 이번 절에서 사용하는 풀링 레이어는 그 크기가 2×2입니다. 2×2 풀링 레이어는 이미지의 크기를 가로세로 모두 절반으로 줄여 줍니다.

풀링 방법에도 여러 가지가 있습니다만, 저자가 지금까지 읽어본 논문에서 맥스 풀링(max pooling)과 애버리지 풀링(average pooling) 외의 다른 풀링 기법이 사용된 것을 본 기억이 없습니다. 이 두 가지 기법만 알고 있어도 딥러닝 전문가가 되는 데 문제가 없다는 이야기입니다.

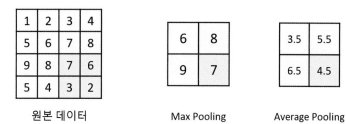

원본 데이터　　　　　Max Pooling　　　　Average Pooling

풀링 레이어를 적용할 때는 우선 풀링 레이어의 크기에 맞추어 원본 이미지를 잘라냅니다. 2×2 사이즈 풀링 레이어를 적용할 때에는 위 그림과 같이 가로세로 2×2 사이즈 크기로 원본 이미지를 자릅니다.

맥스 풀링을 적용할 때는 각 칸에 있는 데이터 중 최댓값 하나만 취하고, 애버리지 풀링을 적용할 때는 각 데이터를 평균한 값을 구합니다. 이 값들을 정리해 순서대로 배열하면 풀링이 끝납니다.

풀링 레이어와 반대로 압축되었던 이미지를 다시 확대시켜주는 언풀링 레이어(unpooling layer)도 있습니다.

딥러닝 모델 코딩

딥러닝 모델 코딩을 시작해 보겠습니다. 예제 폴더를 파이참 프로젝트로 불러옵니다. 로딩이 완료되면 main.py 파일을 열고 〈Python Console〉을 실행합니다.

(1) 라이브러리 불러오기

```
5  from tensorflow import keras
6  import data_reader
```

코드의 5번째 줄과 6번째 줄에서 라이브러리를 불러옵니다.

(2) 에포크(Epoch) 결정 및 데이터 불러오기

```
8   # 몇 에포크만큼 학습시킬 것인지 결정합니다.
9   EPOCHS = 20   # 예제 기본값은 20입니다.
10
11  # 데이터를 읽어옵니다.
12  dr = data_reader.DataReader()
```

학습 에포크를 20으로 지정하고 데이터를 불러옵니다. 2절에서 사용한 코드와 동일합니다.

(3) 인공신경망 제작하기

```
14   # 인공신경망을 제작합니다.
15   model = keras.Sequential([
16       keras.layers.Conv2D(32, (3, 3)),
17       keras.layers.BatcnNormalization(),
18       keras.layers.ReLu(),
19       keras.layers.MaxPooling2D((2, 2)),
20       keras.layers.Conv2D(64, (3, 3)),
21       keras.layers.BatcnNormalization(),
22       keras.layers.ReLu(),
23       keras.layers.MaxPooling2D((2, 2)),
24       keras.layers.Conv2D(64, (3, 3)),
25       keras.layers.BatcnNormalization(),
26       keras.layers.ReLu(),
27       keras.layers.Flatten(),
28       keras.layers.Dense(128, activation="relu"),
29       keras.layers.Dropout(rate=0.5),
30       keras.layers.Dense(10, activation="softmax")
31   ])
```

CNN과 배치 노멀라이즈, 풀링 레이어를 적용하는 방법에 유의하세요.

CNN을 적용할 때에는 16번째 줄과 같이 keras.layers.Conv2D( ) 함수를 사용합니다. 함수를 호출하면서 필터의 개수와 필터의 사이즈를 입력합니다. 이때 괄호를 사용해 필터의 사이즈를 하나로 묶어서 입력해야 합니다.

배치 노멀라이즈를 적용하는 방식을 확인하세요. 배치 노멀라이즈를 적용하려는 레이어의 바로 아랫줄에서 keras.layers.BatchNormalization( ) 함수를 호출하면 배치 노멀라이즈가 적용됩니다. 배치 노멀라이즈 이후 렐루를 따로 적용시키기 위해 keras.layers.ReLu( ) 함수를 호출한 것에 주목하세요.

풀링 레이어를 적용할 때는 19번째 줄과 같이 keras.layers.MaxPooling2D( ) 함수를 사용하며, 풀링 레이어의 크기를 입력합니다. 이때 괄호를 사용해 가로와 세로 값을 하나의 데이터로 묶어서 입력해야 정상적으로 작동합니다.

그 외에는 앞서 살펴본 FNN과 Flatten, 배치 노멀라이즈, 드롭아웃의 적용만 있습니다.

(4) 인공신경망 컴파일하기

```
33    # 인공신경망을 컴파일합니다.
34    model.compile(optimizer="adam", metrics=["accuracy"],
35                  loss="sparse_categorical_crossentropy")
```

인공신경망을 컴파일합니다. 옵티마이저는 아담, 메트릭으로는 accuracy를 활용하고 있으며 분류 문제답게 크로스 엔트로피를 로스로 사용합니다.

5 인공지능 학습

(1) 인공신경망 학습

```
37    # 인공신경망을 학습시킵니다.
38    print("\n\n*********** TRAINING START ************")
39    early_stop = keras.callbacks.EarlyStopping(monitor="val_loss", patience=10)
40    history = model.fit(dr.train_X, dr.train_Y, epochs=EPOCHS,
41                  validation_data=(dr.test_X, dr.test_Y),
42                  callbacks=[early_stop])
```

val_loss를 대상으로 콜백을 정의하고, fit( ) 함수를 실행하여 학습을 진행합니다.

(2) 학습 결과 출력

```
44    # 학습 결과를 그래프로 출력합니다.
45    data_reader.draw_graph(history)
```

history 변수에 저장된 학습 과정을 그래프로 출력합니다. 예제 폴더 내부에 새로운 이미지 파일이 2개 생성됩니다.

6 인공지능 학습 결과 확인하기

(1) 인공지능의 성능 확인하기

코드를 실행하면 콘솔에 아래와 같은 글자가 출력되며 학습이 진행됩니다.

```
************* TRAINING START *************
Epoch 1/20
  loss: 1.5167 - accuracy: 0.4555 - val_loss: 1.4846 - val_accuracy: 0.4659
Epoch 2/20
  loss: 1.1705 - accuracy: 0.5865 - val_loss: 1.5496 - val_accuracy: 0.5039
....
Epoch 20/20
  loss: 0.4269 - accuracy: 0.8521 - val_loss: 0.9553 - val_accuracy: 0.7326
```

마지막 줄에 기재된 val_accuracy가 인공지능의 최종 성능에 해당합니다. CNN을 활용한 AI의 성능은 대략 72~76% 사이입니다. 2절의 예제에서 FNN을 활용한 CIFAR10 분류 정확도는 38%가량이었는데, CNN을 활용하니 같은 문제를 두 배 더 높은 성능으로 해결할 수 있게 되었습니다.

그래서일까요? 영상 처리 문제에는 일단 CNN을 적용하는 것은 당연한 이야기이고, CNN을 어떻게 적용할 것인지를 고민하는 것이 연구자들 사이에서 당연한 것처럼 받아들여지고 있습니다.

(2) 학습 기록 확인하기

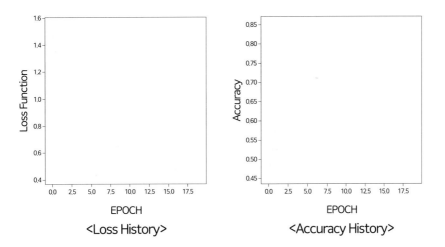

<Loss History>   <Accuracy History>

Loss History를 먼저 살펴보겠습니다. 짙은 선은 트레이닝 로스이고, 옅은 선은 테스트 로스입니다. 짙은 선은 꾸준히 값이 내려가고 있지만, 옅은 선은 짙은 선보다 훨씬 높은 위치에서 요동치고 있습니다. 〈Accuracy History〉의 경우에도 트레이닝 성능에 비하여 테스트 성능이 부족한 것으로 나타납니다. 명백한 오버피팅의 흔적입니다.

오버피팅을 제거할 수 있다면 훨씬 더 정확도가 높아지지 않을까요?

CNN 뒤에 FNN이 따라오는 이유

CNN은 영상 데이터를 압축하는 능력이 뛰어납니다. 하지만 CNN의 출력물은 필터가 적용된 이미지로, 2차원 데이터입니다. 2차원 데이터를 활용하여 확률 질량 함수를 구하고, 분류 문제로 연결 짓는 과정은 까다로우니 편하게 FNN 분류기를 CNN 뒤에 부착하여 사용하는 것입니다.

다만 이런 과정을 대체할 방법도 많이 제안되어 있습니다. 그 중 가장 유명한 방법은 필터의 크기가 1×1인 CNN을 활용하는 것입니다. 1×1 사이즈 필터 10개를 가진 CNN은 수학적으로 퍼셉트론 10개로 구성된 FNN과 동치이기 때문입니다. 이런 방법은 분류보다는 세그멘테이션(segmentation)이라는 분야에서 많이 사용합니다.

프로젝트 응용하기

CNN 하이퍼 파라미터 조정

CNN에 익숙해지는 가장 빠른 방법은 CNN 하이퍼 파라미터를 이리저리 조정해 보는 것입니다. CNN 하이퍼 파라미터를 조정해봅시다.

- CNN 레이어들의 필터 개수를 조절해봅시다.
- CNN 레이어들의 필터 크기를 바꿔 봅시다.
- CNN 레이어의 개수를 변경해봅시다.
- 풀링 레이어를 일부 제거해봅시다.

5 절 AI는 사람과 말을 구분할 수 있을까?

프로젝트 소개

사람과 말은 꽤 다르게 생긴 동물입니다. 과연 인공지능은 사람과 말의 차이를 구분할 수 있을까요?

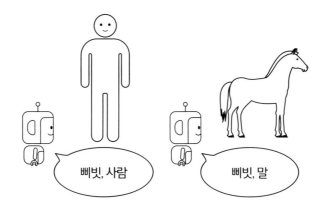

삐빗, 사람

삐빗, 말

예제 코드와 데이터가 수록된 '3_8_5_AI는 사람과 말을 구분할 수 있을까' 폴더로 이동하세요.

데이터 살펴보기

'data' 폴더를 열어보면 'horse'와 'human' 2개의 폴더를 찾을 수 있습니다. 각각의 폴더에는 말 이미지와 사람의 이미지가 수록되어 있습니다.

이번에 사용할 데이터는 게임 엔진을 통하여 모델링된 사람 이미지 527장과 말 이미지 500장입니다. 데이터의 픽셀들은 기본적으로 0부터 255까지의 숫자입니다. 이 숫자들을 255.0으로 나누어 0부터 1 사이의 숫자로 노멀라이즈하여 사용하겠습니다. 데이터는 트레이닝 데이터 80%, 테스트 데이터 20%로 분할하여 사용하겠습니다.

3 어떤 인공지능을 만들 건가요?

층수	종류	크기	활성화 함수
1층	CNN	16, (3, 3)	ReLu
–	MaxPool	(2, 2)	–
2층	CNN	32, (3, 3)	ReLu
–	MaxPool	(2, 2)	–
3층	CNN	64, (3, 3)	ReLu
–	MaxPool	(2, 2)	–
4층	CNN	64, (3, 3)	ReLu
–	MaxPool	(2, 2)	–
5층	CNN	64, (3, 3)	ReLu
–	MaxPool	(2, 2)	–
6층	Flatten	–	–
7층	FNN	128	ReLu
8층	FNN	1	–

CNN을 총 5층 사용하고, Flatten과 2층의 FNN을 활용합니다. 각각의 CNN에는 2×2 맥스풀링 레이어를 부착했습니다. 출력층을 제외한 모든 층이 렐루를 활성화 함수로 사용합니다.

출력층의 크기가 1로 세팅되어 있습니다. 분류 문제에서 분류 대상이 단 두 개 밖에 없다면 출력층의 크기를 1로 세팅하고, 로스를 'binary_crossentropy'로 활용할 수 있습니다. 출력층의 출력값이 0에 가까운지 1에 가까운지로 0과 1 두 개의 클래스를 분류할 수 있기 때문입니다.

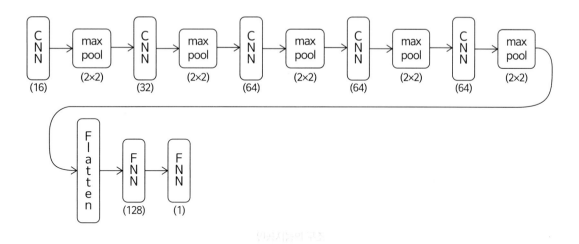

딥러닝 모델 코딩

딥러닝 모델 코딩을 시작해 보겠습니다. 예제 폴더를 파이참 프로젝트로 불러옵니다. 로딩이 완료되면 main.py 파일을 열고 〈Python Console〉을 실행합니다.

(1) 라이브러리 불러오기

```
5    from tensorflow import keras
6    import data_reader
```

코드의 5번째 줄과 6번째 줄에서 라이브러리를 불러옵니다.

(2) 에포크(Epoch) 결정 및 데이터 불러오기

```
8    # 몇 에포크만큼 학습시킬 것인지 결정합니다.
9    EPOCHS = 30   # 예제 기본값은 30입니다.
10
11   # 데이터를 읽어옵니다.
12   dr = data_reader.DataReader()
```

학습 에포크를 30으로 지정하고 데이터를 불러옵니다.

(3) 인공신경망 제작하기

```
14  # 인공신경망을 제작합니다.
15  model = keras.Sequential([
16      keras.layers.Conv2D(16, (3, 3), activation="relu"),
17      keras.layers.MaxPooling2D((2, 2)),
18      keras.layers.Conv2D(32, (3, 3), activation="relu"),
19      keras.layers.MaxPooling2D((2, 2)),
20      keras.layers.Conv2D(64, (3, 3), activation="relu"),
21      keras.layers.MaxPooling2D((2, 2)),
22      keras.layers.Conv2D(64, (3, 3), activation="relu"),
23      keras.layers.MaxPooling2D((2, 2)),
24      keras.layers.Conv2D(64, (3, 3), activation="relu"),
25      keras.layers.MaxPooling2D((2, 2)),
26      keras.layers.Flatten(),
27      keras.layers.Dense(128, activation="relu"),
28      keras.layers.Dense(1)
29  ])
```

새로운 기법이나 함수가 등장하지는 않습니다. 지금까지 배운 함수들을 활용해 인공신경망을 코딩합니다.

(4) 인공신경망 컴파일하기

```
31  # 인공신경망을 컴파일합니다.
32  model.compile(optimizer="adam", metrics=["accuracy"],
33                loss="binary_crossentropy")
```

인공신경망을 컴파일합니다. 옵티마이저는 아담, 메트릭으로는 accuracy를 활용하고 있으며 분류 문제답게 크로스 엔트로피를 로스로 사용합니다. 'binary_crossentropy'는 분류 대상이 2종류뿐일 때 사용하기 좋은 크로스 엔트로피 로스입니다.

(1) 인공신경망 학습

```
35   # 인공신경망을 학습시킵니다.
36   print("\n\n*********** TRAINING START ***********")
37   early_stop = keras.callbacks.EarlyStopping(monitor="val_loss", patience=10)
38   history = model.fit(dr.train_X, dr.train_Y, epochs=EPOCHS,
39                       validation_data=(dr.test_X, dr.test_Y),
40                       callbacks=[early_stop])
```

val_loss를 대상으로 콜백을 정의하고, fit( ) 함수를 실행하여 학습을 진행합니다.

(2) 학습 결과 출력

```
42   # 학습 결과를 그래프로 출력합니다.
43   data_reader.draw_graph(history)
```

history 변수에 저장된 학습 과정을 그래프로 출력합니다. 예제 폴더 내부에 새로운 이미지 파일이 2개 생성됩니다.

(1) 인공지능의 성능 확인하기

코드를 실행하면 콘솔에 아래와 같은 글자가 출력되며 학습이 진행됩니다.

```
*********** TRAINING START ***********
Epoch 1/30
  loss: 1.1989 - accuracy: 0.5487 - val_loss: 0.5879 - val_accuracy: 0.7659
Epoch 2/30
  loss: 0.4418 - accuracy: 0.8260 - val_loss: 0.2483 - val_accuracy: 0.8780
....
Epoch 30/30
  loss: 0.0186 - accuracy: 0.9988 - val_loss: 0.0078 - val_accuracy: 0.9951
```

마지막 줄에 기재된 val_accuracy가 인공지능의 최종 성능에 해당합니다. 정확도가 무려 99.51%에 육박합니다. CNN AI를 활용하면 현실뿐 아니라 게임 속 세상을 매우 정확하게 분석하는 데도 큰 도움이 되지 않을까요?

(2) 학습 기록 확인하기

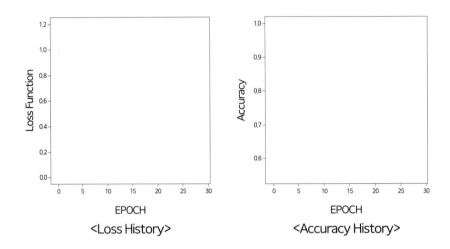

<Loss History>   <Accuracy History>

Loss History를 먼저 살펴보겠습니다. 짙은 선은 트레이닝 로스이고, 옅은 선은 테스트 로스입니다. 짙은 선과 옅은 선 모두 무난하게 감소해 0 근처에서 멈췄습니다. 재미있는 점은 테스트 로스가 트레이닝 로스보다 오히려 더 낮다는 점입니다. 오버피팅 없이 학습이 잘 된 것입니다.
Accuracy History의 경우에도 트레이닝 로스와 테스트 로스가 골고루 증가하여, 거의 100%까지 수렴합니다. 굉장히 성능이 뛰어난 AI가 만들어졌습니다.

게임과 딥러닝 하면 역시 강화학습입니다. 알파고가 등장한 것이 벌써 5년 전입니다. 시간이 정말 빠르네요. 게임 분야에서는 주로 CNN을 활용해 화면의 정보를 실시간으로 분석하고, 적절한 명령을 입력하는 인공지능 연구가 활발합니다. 강화학습을 공부하면 게임을 플레이하는 인공지능을 만들 수 있습니다. 게임을 하면 할수록 실력이 향상하는 인공지능, 멋지지 않나요? 쿠키런이라는 게임을 만든 한국 게임회사인 '데브시스터즈'에서는 강화학습을 통해 쿠키런 게임을 플레이하는 AI를 만들었다고 합니다. 이 AI에 여러 캐릭터로 게임을 플레이시켜 점수 통계를 구했다고 합니다. 동일한 AI가 플레이했음에도 불구하고 점수가 다른 캐릭터에 비해 지나치게 높은 캐릭터는 성능을 하향 조정하는 등 캐릭터 밸런스 조정에 딥러닝을 활용한 멋진 사례입니다.

게임을 플레이하는 인공지능을 가장 쉽게 만드는 방법은 OpenAI에서 공개한 GYM 라이브러리를 활용하는 것입니다. 관심이 있는 분들께서는 구글에서 'OpenAI Gym'을 검색해보세요.

이번 예제의 인공지능은 성능이 매우 뛰어납니다. 그런데 사람과 말을 구분하는 인공지능이 이렇게까지 똑똑할 필요가 있을까요? 때로는 성능을 조금 포기하더라도 인공지능의 크기를 줄이는 편이 경제적으로 이득일 수도 있습니다.

• 인공지능의 크기를 축소하며, 성능의 변화를 추적합니다.
  각 층의 크기를 줄여도 좋고, 일부 층을 통째로 삭제해도 좋습니다.

6절 AI는 가위바위보를 할 수 있을까?

1 프로젝트 소개

인공지능은 가위바위보를 할 수 있을까요? 사람과 말을 구분하는 문제에 비해서 손의 모양을 구분하는 문제는 조금 더 어려운 문제인 것 같습니다.

이번 예제에서는 인간의 손 모양을 읽어 가위, 바위, 보를 구분하는 인공지능을 제작해 보겠습니다. 예제 코드와 데이터가 수록된 '3_8_6_AI는 가위바위보를 할 수 있을까' 폴더로 이동하세요.

2 데이터 살펴보기

'data' 폴더를 열어보면 'rock', 'scissors', 'paper'라는 3개의 폴더가 준비되어 있습니다. 각각 '바위', '가위', '보' 데이터에 해당합니다.

가위   바위   보

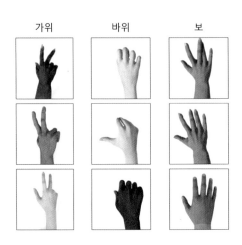

가위, 바위, 보 사진이 각각 964장씩 준비되어 있습니다. 데이터의 픽셀값을 0부터 1 사이 숫자로 노멀라이즈하고, 트레이닝 데이터와 테스트 데이터를 각각 8:2로 분할하여 학습에 활용하겠습니다.

층수	종류	크기	활성화 함수
1층	CNN	16, (3, 3)	ReLu
–	MaxPool	(2, 2)	–
2층	CNN	32, (3, 3)	ReLu
–	MaxPool	(2, 2)	–
3층	CNN	64, (3, 3)	ReLu
–	MaxPool	(2, 2)	–
4층	CNN	64, (3, 3)	ReLu
–	MaxPool	(2, 2)	–
5층	CNN	64, (3, 3)	ReLu
–	MaxPool	(2, 2)	–
6층	Flatten	–	–
7층	FNN	128	ReLu
8층	FNN	3	SoftMax

4절의 예제에서 사용한 모델과 동일합니다. 다만 분류하고자 하는 레이블이 '가위', '바위', '보' 3가지이므로 출력층의 크기가 3으로 바뀌었습니다. 분류 문제이므로 출력층의 활성화 함수는 소프트맥스 함수입니다.

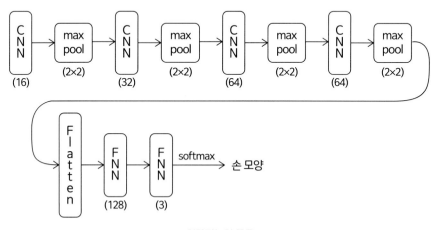

인공지능의 구조

딥러닝 모델 코딩을 시작해 보겠습니다. 예제 폴더를 파이참 프로젝트로 불러옵니다. 로딩이 완료되면 main.py 파일을 열고 〈Python Console〉을 실행합니다.

```python
 5  from tensorflow import keras
 6  import data_reader
 7
 8  # 몇 에포크만큼 학습시킬 것인지 결정합니다.
 9  EPOCHS = 10   # 예제 기본값은 10입니다.
10
11  # 데이터를 읽어옵니다.
12  dr = data_reader.DataReader()
13
14  # 인공신경망을 제작합니다.
15  model = keras.Sequential([
16      keras.layers.Conv2D(16, (3, 3), activation="relu"),
17      keras.layers.MaxPooling2D((2, 2)),
18      keras.layers.Conv2D(32, (3, 3), activation="relu"),
19      keras.layers.MaxPooling2D((2, 2)),
20      keras.layers.Conv2D(64, (3, 3), activation="relu"),
21      keras.layers.MaxPooling2D((2, 2)),
22      keras.layers.Conv2D(64, (3, 3), activation="relu"),
23      keras.layers.MaxPooling2D((2, 2)),
24      keras.layers.Conv2D(64, (3, 3), activation="relu"),
25      keras.layers.MaxPooling2D((2, 2)),
26      keras.layers.Flatten(),
27      keras.layers.Dense(128, activation="relu"),
28      keras.layers.Dense(3)
29  ])
30
31  # 인공신경망을 컴파일합니다.
32  model.compile(optimizer="adam", metrics=["accuracy"],
33                loss="sparse_categorical_crossentropy")
```

앞 절의 예제 코드와 대부분이 동일합니다.

9번째 줄에서 에포크를 10으로 조절한 점과 28번째 줄에서 출력층의 크기를 3으로 수정한 점이 가장 큰 차이점입니다. 로스 함수 역시 'sparse_categorical_crossentropy'로 변경되었습니다.

(1) 인공신경망 학습

```
35   # 인공신경망을 학습시킵니다.
36         ("\n\n*********** TRAINING START ************")
37   early_stop = keras.callbacks.EarlyStopping(monitor="val_loss", patience=10)
38   history = model.fit(dr.train_X, dr.train_Y, epochs=EPOCHS,
39                       validation_data=(dr.test_X, dr.test_Y),
40                       callbacks=[early_stop])
```

val_loss를 대상으로 콜백을 정의하고, fit( ) 함수를 실행하여 학습을 진행합니다.

(2) 학습 결과 출력

```
42   # 학습 결과를 그래프로 출력합니다.
43   data_reader.draw_graph(history)
```

history 변수에 저장된 학습 과정을 그래프로 출력합니다. 예제 폴더 내부에 새로운 이미지 파일이 2개 생성됩니다.

(1) 인공지능의 성능 확인하기

코드를 실행하면 콘솔에 아래와 같은 글자가 출력되며 학습이 진행됩니다.

```
*********** TRAINING START ************
Epoch 1/10
  loss: 0.6922 - accuracy: 0.6716 - val_loss: 0.1835 - val_accuracy: 0.9550
Epoch 2/10
  loss: 0.0755 - accuracy: 0.9814 - val_loss: 0.0086 - val_accuracy: 1.0000
....
Epoch 10/10
  loss: 5.8716e-05 - accuracy: 1.0000 - val_loss: 5.3013e-05 - val_accuracy:
1.0000
```

마지막 줄에 기재된 val_accuracy가 인공지능의 최종 성능에 해당합니다. 정확도가 100%입니다. AI는 가위, 바위, 보 인식에 손쉽게 성공할 수 있습니다.

(2) 학습 기록 확인하기

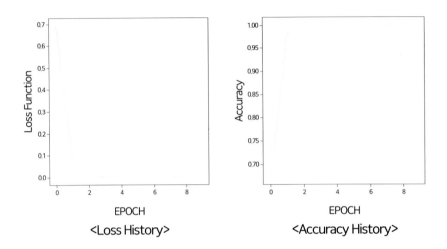

<Loss History>   <Accuracy History>

Loss History와 Accuracy History 모두 2에포크 이후 거의 완벽에 가까운 수치입니다.

DCNN, 인코더-디코더

CNN은 이미지 정보를 축소합니다. 필터를 적용한 이미지의 사이즈가 원본보다 작아지기 때문입니다. CNN의 반대인 DCNN(Deconvolutional Neural Network, 혹은 Transpose Convolutional Neural Network)도 있습니다. DCNN은 이미지를 확대하는 용도로 주로 사용됩니다.

CNN을 이용하여 이미지를 압축하고, 다시 DCNN을 활용하여 이미지를 확대하는 방식이 의외로 굉장히 많이 사용됩니다. 이러한 시도는 사진의 노이즈를 제거하거나, 저화질 이미지를 고화질 이미지로 변환하는 등 이미지를 입력해 이미지를 출력하는 AI를 만들 때 유용합니다.

CNN을 활용하여 이미지의 크기를 압축하는 과정을 인코더(encoder)라고 부르고, DCNN 등을 활용하여 이미지의 크기를 다시 확장하는 과장을 디코더(decoder)라고 부릅니다. 뒤에서 살펴볼 U-Net은 특수한 구조의 인코더-디코더 구조입니다.

프로젝트 응용하기

모델 크기 줄이기

AI의 성능이 높은 것을 보니 모델을 축소해도 좋을 것 같습니다. 때로는 성능을 조금 포기하더라도 인공지능의 크기를 줄이는 편이 경제적으로 이득일 수도 있습니다.

• 인공지능의 크기를 축소하며, 성능의 변화를 추적합니다.
　　Hint 각 층의 크기를 줄여도 좋고, 일부 층을 통째로 삭제해도 좋습니다.

이미지 학습 기법 활용하기

이제 CNN에 조금 익숙해졌으리라 생각됩니다. 이번 장에서는 CNN을 활용한 인공지능 중, 굉장히 활용도가 높고 강력한 인공지능들을 공부해 보겠습니다. 이번 장에서 활용할 인공지능들은 하나같이 어려운 AI입니다. 학습에 시간이 너무 오래 걸리거나, 학습 방식 이 너무 특수해 지금까지 공부한 방법으로는 학습시킬 수 없거나, 특수한 연산이 포함되어 Sequential( ) 함수로는 코딩할 수 없습니다.

따라서 이번 장에서는 AI를 직접 코딩하기보다는 외부 라이브러리를 가져와 활용하는 방 식 위주로 공부해보겠습니다. 파이썬은 이런 점이 좋습니다. 누군가가 만들어 둔 오픈 소 스를 가져와 활용하면, 원리는 잘 모르더라도 멋진 프로그램을 제작할 수 있습니다.

1절 AI는 거장의 화풍을 따라 할 수 있을까? – Style Transfer
2절 AI는 창의력을 발휘할 수 있을까? – GAN
3절 AI는 현실 세계의 사물을 이해할 수 있을까? – Object Detection
4절 AI는 사진을 완벽하게 이해할 수 있을까? – Semantic Segmentation

1절 AI는 거장의 화풍을 따라 할 수 있을까?
– Style Transfer

1 프로젝트 소개

흔히 '작풍'이나 '그림체'라는 단어를 많이 사용합니다. 거장의 작품을 접하면 "아, 이거 누가 그린 작품인지 알겠다."라는 생각이 바로 떠오릅니다.

저자가 사랑하는 네 명의 화가의 작품을 모아봤습니다. 이 네 명의 작품은 확실히 스타일이 다릅니다. 현실을 사진처럼 그려내는 능력은 기본기입니다. 거장의 반열에 오른 화가들은 자신만의 철학을 예술로서 표현하고, 이 과정에서 〈작풍〉 또는 〈스타일〉이라 부르는 개성이 묻어나옵니다.

| 고흐 | 뒤샹 | 르누아르 | 피카소 |

그림 자체도 창조적 활동의 산물이지만, 이들의 〈화풍〉 역시 창조적 활동 또는 예술작품 그 자체로 볼 수 있지 않을까요? 그리고 혹시 인공지능에 예술작품을 학습시키면 거장의 〈스타일〉을 흉내 내는 예술가 AI 를 만들 수 있지 않을까요?

이번 절에서는 고흐의 화풍을 따라 하는 인공지능을 만들어보겠습니다. 예제 코드가 수록된 '3_9_1_AI는 거장의 화풍을 따라할 수 있을까 – Style Transfer' 폴더로 이동하세요.

2 데이터 살펴보기

예제 폴더 내부에 있는 두 개의 이미지 파일을 열어보세요.

style.jpg 파일은 고흐의 〈별이 빛나는 밤〉 그림이고, content.jpg는 서울시의 풍경입니다.

style.jpg

content.jpg

이번 예제에서는 style.jpg에 기록된 화풍을 AI에 학습시켜 content.jpg를 고흐의 화풍으로 변환시켜 보겠습니다. 혹시 고흐가 아닌 다른 화가의 작품을 학습시키고 싶다면 style.jpg 파일을 교체하면 되고, 서울시 풍경이 아닌 다른 이미지를 변환시키고 싶다면 content.jpg 파일을 교체하면 됩니다.

어떤 인공지능을 만들 건가요?

「Image Style Transfer Using Convolutional Neural Networks」라는 제목의 논문으로 발표된 인공지능을 만들어 보겠습니다. 흔히들 줄여서 'Neural Style Transfer'라고 부릅니다.

인공지능의 구조가 상당히 복잡하고 어려워서 쉽게 설명하기가 곤란합니다. 최대한 쉽게 설명해 드려 보겠습니다. 인공지능이 style.jpg를 대상으로는 피쳐맵을 활용하여 '화풍'을 학습하고, content.jpg를 대상으로는 사진에 담겨있는 콘텐츠를 학습합니다. 물체나 형상 등이라 생각하면 되겠습니다. 이렇게 학습된 AI는 style.jpg의 화풍과 content.jpg의 콘텐츠를 섞어서 새로운 이미지를 출력합니다.

보다 상세한 정보를 원한다면 위 논문 제목을 구글에 검색해 보기를 추천합니다. 복잡하고 어려운 수식이 잔뜩 포함되어 있습니다만, 그림만 참고하셔도 도움이 될 것입니다.

딥러닝 모델 코딩

(1) 텐서플로 허브(Tensorflow Hub)

이번에는 딥러닝 인공지능을 직접 코딩하는 것이 아니라 '텐서플로 허브'를 활용해 보겠습니다. 대인배 구글 선생님께서는 텐서플로를 발명하고 무료로 공개하신 것뿐 아니라 많은 사람이 유용하게 사용할 수 있는 인공지능을 온라인으로 제공합니다. 텐서플로 허브에서는 'Neural Style Transfer' 인공지능 서비스도 제공됩니다.

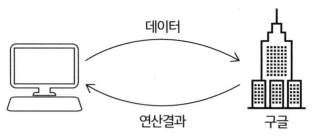

Tensorflow Hub 작동원리

3장 2절에서 텐서플로 허브 라이브러리를 컴퓨터에 설치했었습니다. 혹시 설치되지 않았다면 〈윈도우 키〉 + 〈R〉 키를 누르시고 'cmd'를 입력해서 검은색 실행 창을 띄운 다음, 아래 명령을 실행하세요.

```
> pip install tensorflow_hub
```

(2) 라이브러리 및 데이터 불러오기

```
5   import tensorflow_hub as hub
6   import data_reader
7
8   # 데이터를 불러옵니다.
9   dr = data_reader.DataReader("content.jpg", "style.jpg")
```

5번째 줄에서 tensorflow_hub 라이브러리를 불러오고 있습니다. 그리고 9번째 줄에서 data_reader를 이용하여 content.jpg 파일과 style.jpg 파일을 불러옵니다. 9번째 줄의 명령이 실행되면 이미지를 읽어와 전처리하는 과정까지 보이지 않는 곳에서 모두 수행됩니다.

(3) 텐서플로 허브 모듈 불러오기

```
11   # Hub로부터 style transfer 모듈을 불러옵니다.
12   hub_module = hub.load(
13       "https://tfhub.dev/google/magenta/arbitrary-image-stylization-v1-256/1"
14   )
```

텐서플로 허브로부터 모듈을 불러옵니다. 13번째 줄에 기재된 url은 텐서플로 허브의 style tranfer 모듈의 주소입니다. 텐서플로 허브 홈페이지(https://tfhub.dev/)에서 사용 가능한 모델들의 종류와 각 모델별 url 주소를 열람할 수 있습니다.

코드가 실행되면 텐서플로 허브에 접속하여 학습이 끝난 인공지능 모듈을 다운로드해 메모리로 불러옵니다. 작업을 수행할 준비가 완료되었습니다.

인공지능 학습

```
16    # 모듈에 이미지를 삽입해 Style Transfer를 실시합니다.
17    stylized_image = hub_module(dr.content, dr.style)[0]
```

코드의 17번째 줄에서 데이터를 AI에 삽입하여 style transfer를 수행합니다. 이미 학습이 끝난 AI 모델을 사용하기 때문에 GPU가 없는 환경에서도 거의 1초 만에 연산이 끝납니다.

인공지능 학습 결과 확인하기

예제 폴더 안에 새로 생겨난 result.jpg 파일입니다. 서울시의 전경이 고흐의 화풍으로 재탄생하였습니다. 특유의 물결처럼 요동치는 채색 기법이 드러납니다. 조금 더 정밀하게 화풍을 재현하려면 예제에서 사용한 모델보다 더 큰 신경망을 활용하면 유용합니다.

러빙 빈센트

〈러빙 빈센트〉를 아시나요? 반 고흐의 죽음을 둘러싼 애니메이션 영화로, 스토리보다는 영상미로 더욱 널리 알려져 있습니다.

https://youtu.be/3ChFZMBSXXo

위 링크는 러빙 빈센트의 예고편 영상입니다. 2분짜리 영상이니 여유가 되신다면 한 번 감상해보기를 권해드립니다. 영상미에서 느껴지는 장인정신을 잠시 느껴보기 바랍니다.

이 영화는 세계 최초로 모든 장면을 유화로 제작한 애니메이션입니다. 107명의 화가를 10년간 투입해 고흐의 화풍을 흉내 낸 유화 62,450점을 하나하나 그려 애니메이션으로 제작했다고 합니다. 제작비는 총 66억 원입니다.

이 영화는 2008년에 기획되었습니다. 그리고 당시에는 GPU 성능의 부족으로 딥러닝이 지금처럼 널리 사용되지도 않았습니다. 오로지 장인정신으로 시작한 프로젝트입니다. 그런데 제작 기간 막바지에 갑자기 딥러닝이 유명해지고 Style Transfer AI가 등장해버렸습니다. 제작진의 심정이 약간은 복잡했을 것 같습니다.

Style Transfer가 없었다면 러빙 빈센트를 시작으로 유화 애니메이션이라는 새로운 예술 장르가 열려 활발한 작품제작이 이뤄졌을지도 모르겠습니다. 이제는 AI의 발달로 이런 수작업 프로젝트를 위한 펀딩이 투자자들 사이에서 설득력을 잃어버리지 않았을까요?

기술의 발달이 실시간으로 예술의 판도를 바꾸고 있습니다.

다른 작품을 학습시켜 보기

Style transfer의 사용법은 매우 간단했습니다. 다른 작품의 스타일을 학습시켜 여러분만의 이미지를 제작해 보기 바랍니다.

Hint 스타일 이미지는 style.jpg, 콘텐츠 이미지는 content.jpg로 저장하면 됩니다.

AI는 창의력을 발휘할 수 있을까? - GAN

절 2

🔲 프로젝트 소개

2014년, 전 세계적으로 권위 있는 인공지능 학회인 〈Neural IPS〉에 재미있는 논문이 한 편 발표됩니다. 「Generative Adversarial Nets」라는 짧은 제목을 가진 이 9페이지짜리 논문 한 편이 딥러닝 연구의 판도를 송두리째 흔들어버립니다. 이 한 편의 논문 때문에, 저자인 이안 굿펠로우(Ian Goodfellow)는 대학원생 신분으로 일약 스타가 되었고, 지금은 전 세계의 모든 전문가가 굿펠로우를 딥러닝의 대가로 인정합니다. Generative Adversarial Networks(생성적 적대 신경망)는 보통 줄여서 GAN이라고 부릅니다. [간] 또는 [갠] 이라고 발음하면 됩니다. 도대체 얼마나 대단한 기술을 제안했길래 전 세계가 열광일까요? 지금부터 GAN 에 대해서 알아보고, GAN을 직접 활용해보겠습니다.

🔲 Generative Adversarial Networks

(1) Adversarial Networks

GAN은 두 개의 신경망으로 구성됩니다. 이 두 개의 신경망이 서로 게임을 하면서 상대방을 이기기 위해 노력합니다. AI끼리 서로 싸우는 과정에서 양쪽 모두의 실력이 향상하고, 결과적으로 엄청나게 성능이 좋은 인공지능이 탄생하게 됩니다.

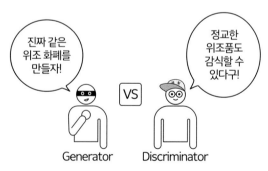

위조된 데이터의 품질이 진본과 차이가 없다면?
→ 학습 종료

GAN의 작동 원리

두 개의 신경망이 서로 적대적(adversarial)으로 경쟁하므로 이 기술 이름에 adversarial networks라는 이름이 붙었습니다.

(2) Generative Networks

위 사진을 잘 살펴보세요. 사진 속의 인물은 실제로 존재하는 사람이 아닙니다. GAN의 일종인 StyleGAN이 그려낸 가짜 이미지입니다.

GAN은 새로운 데이터를 생성하는 생성적(generative) 인공지능입니다. GAN이 생성하는 이미지는 마치 사람이 제작한 데이터처럼 리얼합니다. GAN의 성능이 발달하면서 이제는 육안으로는 진짜 데이터와 GAN이 만든 가짜 데이터를 구분하는 것이 거의 불가능에 가까워졌습니다. 이렇게도 성능이 뛰어난 모델이기 때문에 전 세계의 주목을 받은 것이기도 합니다.

(3) Generator, Discriminator

GAN은 서로 적대하는 두 개의 신경망으로 구성됩니다. 이 두 개의 신경망을 각각 제너레이터(generator)와 디스크리미네이터(discriminator)라고 부릅니다. 제너레이터는 이름 그대로 데이터를 생성하는 신경망입니다. 영어단어 discriminate에는 '식별하다', '구분하다'라는 의미가 있습니다. 디스크리미네이터는 구분하는 신경망입니다.

생성을 잘하는 인공지능과 구분을 잘하는 인공지능이 서로 싸우며 성장하는 것이 GAN의 기본 철학입니다.

(4) Generator의 구조와 역할

Generator의 핵심 기능은 데이터를 위조하는 것입니다. 이 과정을 수학적으로 설명해 보자면 'latent space(잠재 공간)의 변수를 데이터의 분포로 사상시키는 함수'입니다. 표현이 굉장히 어렵습니다. 최대한 쉽게 설명해 보자면 '노이즈를 입력받아 데이터를 출력하는 함수'입니다.

제너레이터의 입력층은 노이즈를 입력받고, 출력층에서는 데이터를 출력합니다. 출력층의 형태는 위조하고자 하는 데이터의 형태와 동일하게 세팅합니다.

예를 들어 (160, 1) 사이즈의 벡터 데이터를 위조하고자 한다면 제너레이터의 출력층을 크기 160짜리 FNN 으로 설정하면 됩니다. (28, 28) 사이즈의 흑백 이미지를 위조하고 싶다면 Deconvolutional Network를 활용하여 (28, 28) 사이즈의 데이터를 출력하도록 출력층을 세팅하면 되고, (32, 32) 사이즈의 컬러 이미지를 위조하고 싶다면 (32, 32, 3) 사이즈의 데이터를 출력하도록 출력층을 세팅하면 됩니다.

초기에는 출력층에서 별 의미 없는 값들이 출력됩니다. 하지만 학습이 진행되면서 점점 더 그럴싸한 위조 데이터가 출력되도록 가중치가 수정됩니다.

(5) 디스크리미네이터(Discriminator)의 구조와 역할

디스크리미네이터의 구조는 평범한 CNN 분류 모델입니다. 디스크리미네이터는 제너레이터가 생성한 위조 데이터와 실제 데이터를 입력받아 분류합니다. 디스크리미네이터는 학습이 진행될수록 위조 데이터와 실제 데이터를 잘 구분하도록 학습됩니다.

하지만 제너레이터의 성능이 어느 정도 높아져 위조 데이터와 실제 데이터 사이에 큰 차이가 없는 수준이 된다면 디스크리미네이터는 더 이상 가짜와 진짜 데이터를 구분하지 못하게 됩니다.

(6) GAN의 학습 과정

GAN의 학습 과정은 굉장히 흥미롭습니다. 지금부터 제너레이터를 위조화폐 제조범이라 생각하고 디스크리미네이터를 경찰이라고 가정하세요. 굿펠로우의 논문에서 실제로 등장했던 비유입니다.

화폐 위조범은 초기에 실력이 부족하여 진짜 화폐와 차이가 많은 가짜 화폐를 생산합니다. 경찰 또한 초기에 위조화폐 구분 실력이 부족하여 실수할 수 있습니다. 화폐 위조범과 경찰은 서로 경쟁하기 시작합니다.

초기에는 아무래도 경찰의 실력이 월등합니다. 위조화폐가 워낙 엉성하기 때문입니다. 화폐 위조범은 경찰을 속이기 위해 노력하며 점점 더 그럴싸한 위조화폐를 제조합니다. 경찰 역시 점점 더 교묘해지는 위조화폐를 구분하기 위해 고군분투하며 안목이 점점 길러집니다.

화폐 위조범의 위조 솜씨가 발전하다 보면 어느 순간 위조화폐와 진짜 화폐를 구분할 수 없게 될 것입니다. 경찰이 더 이상 위조화폐를 알아차리지 못할 정도로 화폐 위조 솜씨가 성장하면 GAN의 학습이 끝납니다. 여기까지가 GAN의 학습 과정입니다.

GAN의 학습이 끝나면 디스크리미네이터는 버리고 제너레이터만 활용합니다. 제너레이터에 latent space의 변수를 입력하면 마치 진짜 같은 위조 데이터가 출력됩니다. 앞서 살펴본 여성의 사진도 이렇게 생성된 모델입니다.

어떤 인공지능을 만들 건가요?

(1) GAN을 만들어 봅시다

이번 절에서는 GAN을 제작하여 데이터를 위조하는 과정을 체험해보겠습니다. 이번에 활용할 알고리즘은 GAN의 일종인 DCGAN입니다. Deconvolutional Neural Network를 활용하여 노이즈를 이미지로 변환하는 것이 특징입니다. 이미지 데이터를 간편하게 위조해 볼 수 있는 모델입니다.

예제 코드와 데이터가 수록된 '3_9_2_AI는 창의력을 발휘할 수 있을까 – GAN' 폴더로 이동하세요. 폴더 내부에는 또다시 3개의 폴더가 있습니다.

      01 – MNIST

      02 – Fashion MNIST

      03 – CIFAR10

각각의 폴더에는 〈MNIST〉, 〈Fashion MNIST〉, 〈CIFAR10〉 데이터를 위조하는 GAN 예제 코드가 수록되어 있습니다. 이번 절에서는 GAN을 활용하여 위 3종의 데이터를 위조해보겠습니다.

이미지는 0부터 1 사이의 값이 아니라 −1부터 1 사잇값으로 노멀라이즈하여 사용하도록 하겠습니다. MNIST와 Fashion MNIST는 28×28 사이즈의 흑백 이미지이며, CIFAR10은 32×32 사이즈의 컬러 이미지입니다.

(2) 디스크리미네이터의 구조

층수	종류	크기	활성화 함수
1층	CNN	64, (5, 5), strides=(2, 2)	LeakyReLu
–	Dropout	rate=0.3	–
2층	CNN	128, (5, 5), strides=(2, 2)	LeakyReLu
–	Dropout	rate=0.3	–
3층	Flatten	–	–
4층	FNN	1	–

세 데이터 모두 CNN 2층과 Flatten, FNN으로 구성된 작은 디스크리미네이터를 활용합니다. CNN에는 드롭아웃도 적용되어 있습니다. 음수값 표현을 위해 활성화 함수로는 리키 렐루를 사용합니다. 리키 렐루는 4장 2절에서 이미 다루었습니다.

Stride는 CNN의 필터를 적용할 때 한 번에 몇 칸씩 건너뛸지를 지정하는 값입니다. 앞서 살펴본 CNN은 필터를 한 번에 한 칸씩 움직이면서 적용했습니다. stride를 (2, 2)로 설정하면 필터를 한 번에 두 칸씩 움직이면서 적용합니다. 결과적으로 이미지의 상당부분을 생략하고 건너뛰기 때문에 출력하는 이미지의 크기가 작아지는 효과가 있습니다. stride를 조절하면 풀링 레이어를 생략할 수 있습니다.

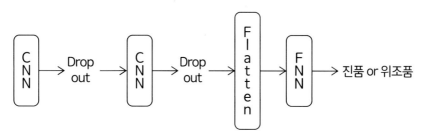

(3) 제너레이터의 구조 – MNIST, Fashion MNIST

층수	종류	크기	활성화 함수
1층	FNN	100	–
2층	FNN	12,544	–
–	BatchNorm	–	LeakyReLu
3층	Reshape	(7, 7, 256)	–
4층	DCNN	128, (5, 5)	–
–	BatchNorm	–	LeakyReLu
5층	DCNN	64, (5, 5), strides=(2, 2)	–
	BatchNorm	–	LeakyReLu
6층	DCNN	1, (5, 5), strides=(2, 2)	tanh

제너레이터는 총 6층 구조입니다. 처음에는 FNN으로 시작하여 DCNN으로 이어지는 구조에 주목하세요. 입력층은 크기 100짜리 노이즈를 입력받기 위하여 크기를 100으로 설정하였습니다. 3층의 Reshape 레이어는 Flatten( )의 반대 연산입니다. 일렬로 펼쳐진 퍼셉트론을 (7, 7, 256) 형태로 모양을 변형합니다. 이 과정에서 일렬로 이어진 FNN 데이터가 DCNN을 적용하기 위한 이미지 형태로 변형됩니다.

DCNN은 앞서 살펴본 CNN의 반대 연산입니다. CNN에서 strides를 적용하면 이미지 크기가 줄어들 듯, DCNN에서 strides를 적용하면 이미지 크기가 커집니다.

활성화 함수로는 앞서 살펴본 리키 렐루를 활용합니다. 출력층에서는 출력값을 −1부터 1 사이로 고정하기 위하여 tanh를 활성화 함수로 사용합니다.

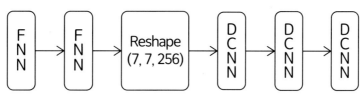

(4) 제너레이터의 구조 - CIFAR10

층수	종류	크기	활성화 함수
1층	FNN	100	–
2층	FNN	1,024	–
–	BatchNorm	–	LeakyReLu
3층	Reshape	(2, 2, 256)	–
4층	DCNN	256, (5, 5), strides=(2, 2)	–
–	BatchNorm	–	LeakyReLu
5층	DCNN	128, (5, 5), strides=(2, 2)	–
	BatchNorm	–	LeakyReLu
6층	DCNN	64, (5, 5), strides=(2, 2)	–
	BatchNorm	–	LeakyReLu
7층	DCNN	3, (5, 5), strides=(2, 2)	tanh

CIFAR10은 MNIST나 Fashion MNIST와 달리 이미지의 크기가 32×32 픽셀로 약간 더 크고, 컬러 이미지입니다. 데이터의 차원이 (32, 32, 3)입니다.

따라서 제너레이터의 모습이 약간 다릅니다. 제너레이터의 층수를 하나 더 늘려서 stride 연산을 적용하는 방식으로 이미지의 사이즈를 늘렸고, 출력층의 필터 개수를 3개로 설정하여 각각이 색상 표현을 위한 R, G, B 데이터를 표현할 수 있도록 만들었습니다. 출력 결과물의 차원은 (32, 32, 3)으로 CIFAR10 데이터와 동일합니다.

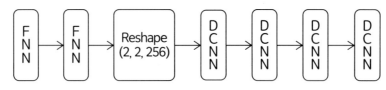

Generator의 구조

딥러닝 모델 코딩

(1) 라이브러리 설치

이번 예제는 3장 2절에서 설치한 imageio 라이브러리를 활용합니다. 혹시 해당 라이브러리를 설치하지 않으셨다면 〈윈도우〉 + 〈R〉 키를 눌러 실행 창을 띄우신 뒤, cmd를 입력하고 엔터키를 눌러 프롬프트를 실행해주기 바랍니다. 까만 창에서 아래 명령어를 실행하면 imageio 라이브러리가 설치됩니다.

```
〉 pip install imageio
```

(2) 코드의 설명

이번 예제는 총 3개의 폴더로 구성되어 있습니다. GAN의 신경망 코딩이나 학습 과정, 로스 함수의 정의 등이 난도가 아주 높은 편이라 초보자가 공부하기에 적합하지 않습니다. 그래서 GAN 학습에 필요한 신경망과 여러 함수를 gan.py에 제작하여 라이브러리 형태로 예제와 함께 제공해드렸습니다.

각 폴더 내부의 data_reader.py와 gan.py는 학습하려는 데이터의 종류에 맞춰 제작되어 있습니다. 하지만 main.py는 세 예제 모두에서 완전히 동일합니다. 이어서 main.py 코드를 기준으로 설명하겠습니다. 예제 폴더 3개를 각각 파이참에서 프로젝트로 불러와 코드를 실행해 보기 바랍니다.

(3) 라이브러리 및 데이터 불러오기

```
5   import   data_reader
6   import   gan
7
8   # 몇 에포크만큼 학습시킬 것인지 결정합니다.
9   EPOCHS = 100 # 예제 기본값은 100입니다.
10
11  # 데이터를 불러옵니다.
12  dr = data_reader.DataReader()
```

5번째 줄에서 data_reader.py를 불러오고, 6번째 줄에서 〈gan.py〉를 불러오고 있습니다. 평소와 마찬가지로 에포크를 설정하고 데이터를 불러옵시다. MNIST와 Fashion MNIST는 기본 에포크를 100으로 세팅했고, CIFAR10의 경우는 200으로 세팅합니다.

(3) GAN 모델 불러오기

```
14  # GAN을 불러옵니다.
15  # Generator
16  generator = gan.make_generator()
17  # Discriminator
18  discriminator = gan.make_discriminator()
```

gan.py로부터 제너레이터와 디스크리미네이터를 불러오고 있습니다. make_generator() 함수는 제너레이터를 생성하고 make_discriminator() 함수는 디스크리미네이터를 생성합니다. 여기에서는 두 줄의 코드로 표현되지만, 위 함수들이 호출되면 보이지 않는 곳에서 수십 줄의 코드가 돌아갑니다.

5 인공지능 학습

```
20  # 인공신경망을 학습시킵니다.
21  print("\n\n************* TRAINING START *************")
22  gan.train(generator, discriminator, dr.train_dataset, EPOCHS)
23
24  # 인공신경망을 학습시킵니다.
25  gan.gif_generation()
```

GAN의 학습 과정은 꽤 복잡한 관계로 gan.py 안에 GAN 학습을 위한 train() 함수를 정의하여 22번째 줄에서 불러오고 있습니다. trian() 함수는 제너레이터, 디스크리미네이터, 데이터, 에포크를 입력받습니다. 22번째 줄의 코드를 실행하면 학습이 진행됩니다.

학습이 진행되는 과정에서 인공지능이 생성한 가짜 이미지가 한 장씩 저장됩니다. 학습이 끝난 뒤 25번째 줄의 코드를 실행되면 AI가 만든 가짜 이미지들을 취합해 애니메이션으로 만들어 줍니다.

6 인공지능 학습 결과 확인하기

아래 QR코드 또는 url로 접속하면 전체적인 학습 과정을 동영상으로 감상할 수 있습니다.

 https://youtu.be/SzcwQKmZHlU

(1) 01 – MNIST

AI가 창의적으로 그려낸 손글씨 이미지입니다. 30에포크에는 숫자처럼 보이는 형상이 나타나고, 70에포크가 되니 대부분 데이터가 확실히 숫자처럼 보입니다.

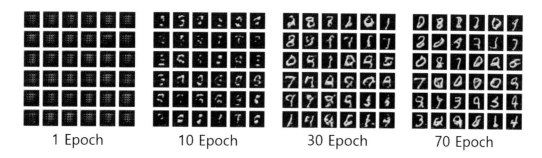

| 1 Epoch | 10 Epoch | 30 Epoch | 70 Epoch |

대부분의 이미지를 인간이 숫자로 인식할 수 있는 수준입니다. 디스크리미네이터가 헷갈릴만 한 것 같습니다.

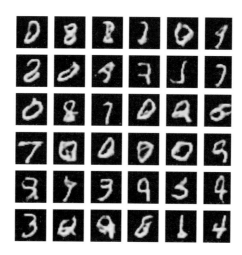

(2) 02 – Fashion MNIST

AI가 생성한 패션 의류 데이터입니다. 30에포크가 지나니 의상의 실루엣이 보이기 시작하고, 70에포크가 되니 대부분 의류의 형상과 무늬까지 또렷합니다. 바지나 상의 등 종류를 알아볼 수 있는 것은 물론입니다.

1 Epoch   10 Epoch   30 Epoch   70 Epoch

심지어 일부 신발의 경우 AI가 나이키 로고와 비슷한 무늬를 그려 넣었습니다. AI의 통찰력이 정말 놀랍습니다.

(3) 03 – CIFAR 10

AI가 생성한 CIFAR10 데이터입니다. 에포크가 지날수록 뭔가를 그리려고 시도하는 모습입니다.

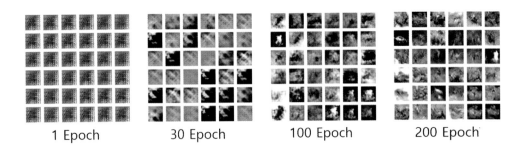

1 Epoch   30 Epoch   100 Epoch   200 Epoch

CIFAR10에는 비행기, 자동차, 새, 고양이, 사슴, 개, 개구리, 말, 선박, 트럭 총 10개 카테고리가 포함되어 있습니다. 맨 윗줄 5번째 형상은 승용차를 대각선 정면에서 바라본 형상과 유사합니다. 그 외에 네발짐승이나 개구리처럼 보이는 형상도 찾아볼 수 있습니다.

조금 더 선명하게 CIFAR10 이미지를 생성하려면 제너레이터와 디스크리미네이터 모델을 약간 더 개선할 필요가 있습니다.

GAN, 무서운 도구입니다.

GAN의 변종은 지금 이 순간에도 연구되고 있습니다. 저자는 GAN을 응용하여 저화질 이미지를 고화질 이미지로 변환시켜주는 GAN-D라는 인공지능을 개발한 적이 있습니다.

개인적으로 Cycle GAN이 처음 발표되었을 때 받았던 충격이 참 인상 깊습니다. Cycle GAN을 이용하면 초원을 달리는 한 마리 갈색 말의 무늬를 얼룩말로 바꿔 버릴 수도 있습니다. 동영상 속 인물의 얼굴을 전혀 다른 사람으로 변환시켜주는 딥페이크(deep fake)도 GAN의 응용입니다. 딥페이크를 이용한 범죄 또한 적지 않아 GAN이 사회에 끼칠 영향력에 대한 우려의 목소리도 큽니다.

GAN은 영상이나 목소리 같은 현실 세계의 데이터를 생성하거나 변조하는 데 정말 탁월한 성능을 보여줍니다. 인공지능 디스크리미네이터를 속일 실력을 갖춘 모델들이니 어찌 보면 당연한 이야기일 것입니다.

앞으로 인공지능이 만든 가짜 데이터가 우리의 일상 깊이 파고들어 올지도 모르겠습니다. 그때가 되면 인공지능이 조작한 데이터와 실제 데이터를 잘 구분해 주는 AI 기술이 필요하지 않을까요?

프로젝트 응용하기

GAN에서도 에포크를 무작정 늘리면 오버피팅이 발생하지 않을까요? 오버피팅이 발생하면 데이터 생성 능력이 어떻게 변화하는지 확인해봅시다.

Hint EPOCHS 값을 증가시켜 봅시다.

3 절 AI는 현실 세계의 사물을 이해할 수 있을까?
- Object Detection

🎯 프로젝트 소개

YOLO라는 단어를 아시나요? You Only Live Once의 약자로, 인생은 한 번뿐이니 즐기면서 살아야 한다는 풍조를 의미합니다. 하지만 딥러닝 분야에서 YOLO! 는 You Only Look Once의 약자로 통합니다. YOLO는 객체 탐지(object detection) 분야의 혁신적인 해결수단으로 각광받고 있습니다. 이번 절에서는 YOLO를 활용해 현실 세계의 사물을 이해하는 인공지능을 공부해보겠습니다.

🎯 Object Detection

(1) 목표

아래 그림은 Object Detection이란 인공지능을 활용해 저자가 찍은 사진들입니다. 왼쪽은 저자의 책꽂이를 AI로 인식시킨 것이고 오른쪽은 출근길 도로를 AI에 인식시킨 것입니다. 사진 곳곳에 상자 그림이 생기고 그 위에 'Book' 또는 'CAR'라는 레이블이 붙어있습니다.

Object Detection은 위와 같이 영상 속의 물체를 인식하는 인공지능을 만드는 것을 목표로 합니다. 자율주행이나 농업 등 시각적 정보에 대한 판단이 필요한 영역에 적용하기 좋습니다.

어떤 인공지능을 만들 건가요?

'YOLO – You Only Look Once' 인공지능을 제작해보겠습니다. YOLO는 입력받은 이미지를 바둑판처럼 (grid) 가로세로로 잘게 쪼개고, 각각의 조각이 '어떤 클래스에 속하는지' 분류하는 기계입니다.

커다란 사진 중에서 자동차에 해당하는 조각들을 '자동차'로 분류한 다음, 자동차에 해당하는 조각들을 감싸는 커다란 사각형을 그리면 사진에서 '자동차' 부분만 추출되는 것입니다. 이 과정을 천천히 살펴보겠습니다.

자동차 사진을 입력받습니다.

그리드를 적용하여 이미지를 여러 조각으로 쪼갭니다. 각 조각을 분석합니다.

'자동차'라는 오브젝트가 포함된 조각들을 분류합니다.

분류된 타일들의 위치 정보를 참고하여 '자동차' 오브젝트를 표시합니다.

위 과정을 수행하기 위하여 CNN을 활용한 딥러닝 모델이 적용됩니다. 수학적 개념을 이해하고 코드를 직접 구현해 보기에는 난도가 높으므로 텐서플로 라이트(Tensorflow Lite)를 이용해보겠습니다.

④ 예제 APK

예제 파일이 수록된 '3_9_3_AI는 현실 세계의 사물을 이해할 수 있을까 – Object Detection' 폴더로 이동하세요. 폴더 안에는 YOLO.apk라는 파일이 저장되어 있습니다.
이 파일은 이미 학습이 끝난 YOLO 딥러닝 모델이 기록된 안드로이드용 앱입니다. 이 파일을 안드로이드 스마트폰으로 옮겨 설치하면 Tensorflow Lite Object Detection 예제를 실행할 수 있습니다.

⑤ 인공지능 학습 결과

앱을 설치하고 실행하면 카메라가 작동하며 실시간으로 인공지능이 카메라 영상을 분석하여 화면에 object detection 결과를 출력합니다. 아래 QR코드 또는 url로 접속하면 저자가 직접 YOLO 인공지능과 함께 홈플러스에 장을 보러 다녀온 영상을 만나볼 수 있습니다.

https://youtu.be/ciVdhcdCpCU

데이터는 ImageNet이라는 데이터셋을 대상으로 학습된 것이다 보니 일상에서 만나볼 수 있는 다양한 물체 중 일부는 정확하게 인식하지만, 일부는 제대로 인식하지 못할 수도 있습니다.

더 알아보기

Object Detection은 어디에 활용되나요?

Object Detection은 굉장히 다양한 곳에서 사용되고 있습니다. 얼굴을 잘 인식하는 Object Detection 모델을 만들면 카메라가 실시간으로 길거리를 촬영하여 특정 인물의 얼굴만 찾아낼 수도 있습니다. 실제로 중국에서 Object Detection AI를 활용하여 콘서트장서 지명수배범을 잡아낸 사례가 있습니다.

자율주행에도 사용됩니다. Detector가 보행자를 발견하면 즉시 속도를 낮추는 형태로 작동합니다. 요즘 국산 차 주차보조 시스템에도 주변에 사람이 지나가면 별도의 경고메시지를 송출해 주는 경우가 있는데, 이런 곳에 활용할 수 있습니다.

이외에도 활동 감지나 물체 추적 등에도 널리 이용되고 있습니다.

Object Detection 인공지능이 정상적으로 작동하지 못하도록 만드는 이미지도 있습니다. 이런 이미지가 프린팅된 옷을 입고 다니면 Object Detection AI를 교란시켜 감지당하지 않을 수도 있다는 재미있는 논문도 있습니다.

프로젝트 응용하기

이번 예제의 앱은 도심에서 더욱 잘 작동합니다. 유동인구가 높은 번화가에서 Object Detection을 실행해 AI의 성능을 확인해보세요.

참고로 이번 예제에 사용한 AI는 용량이 10MB에 지나지 않은 초소형 모델입니다. GPU를 활용 가능한 거대한 모델을 활용할 경우 Object Detection 성능은 이번 예제와 비교할 수 없을 정도로 증가합니다.

4절 AI는 사진을 완벽하게 이해할 수 있을까?
- Semantic Segmentation

1 프로젝트 소개

앞서 살펴본 Object Detection은 이미지 속에서 물체를 탐지해 사각형 상자를 그리는 과제였습니다. Semantic segmentation은 여기에서 한발 더 나아간 과제입니다. Semantic Segmentation은 여기서 한발 더 나아가 이미지 속의 모든 픽셀을 완벽히 분석하여, 각각의 픽셀이 어디에 속하는지 분류하는 과제입니다.
결과적으로 모양이 불규칙적이거나 작은 물체도 경계선을 따라 분리해 낼 수 있으며, 한 장의 사진 속에 포함된 여러 가지 물체를 동시에 분류해내기도 합니다.

아래 사진은 Semantig Segmentation 분야에서 가장 널리 사용되는 데이터셋 중 하나인 Cityscape Dataset의 공식 홈페이지를 캡처한 것입니다. 도로 사진을 입력받아 자동차, 도로, 보도, 사람, 자전거, 가로수, 건물, 하늘 등을 모두 다른 색으로 표시하고 있습니다. 단순히 보기에도 Object Detection보다는 어려운 문제로 보이지 않나요?

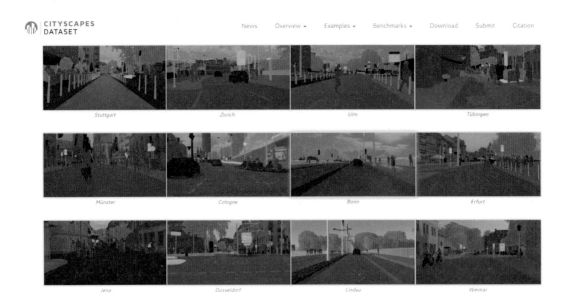

어려울수록 도전할 가치가 있는 법이지요. 예제 코드와 데이터가 수록된 '3_9_4_AI는 사진을 완벽하게 이해할 수 있을까 – Semantic Segmentation' 폴더로 이동하세요.

'data' 폴더를 열어보면 'images' 폴더와 'annotations' 폴더를 찾을 수 있습니다. 'images' 폴더에는 아래 사진의 윗줄과 같이 고양이와 강아지 사진이 들어있습니다. 'annotations' 폴더에는 아래 사진의 아랫줄과 같이 고양이와 강아지 위치에만 하얀색으로 칠해진 사진이 있습니다.

그런데 데이터의 품질이 썩 훌륭하지는 않습니다. 세 번째 annotation을 살펴보면 좌측 상단 모서리에 흰색 노이즈가 껴 있는 것을 확인할 수 있습니다. 무료로 사용 가능한, 저작권 없는 데이터의 한계입니다. 좋은 데이터는 비쌀 수밖에 없습니다.

이번 절의 AI는 강아지와 고양이 사진을 입력받아 annotations와 같이 동물에 해당하는 픽셀만 따로 골라내는 작업을 수행하게 됩니다.

사진 데이터는 0부터 1 사이의 값을 가진 (128, 128, 3) 사이즈 데이터로 변환됩니다. annotation의 경우 배경은 0, 하얀 영역은 1로 노멀라이즈된 (128, 128, 1) 사이즈 데이터로 변환하여 사용합니다.

어떤 인공지능을 만들 건가요?

U-Net이라 부르는 특수한 구조의 인공지능을 제작할 것입니다. U-Net은 의료영상의 세그멘테이션(분할)을 위해 고안된 딥러닝 알고리즘입니다. 대체로 의료영상은 모든 종류의 영상 중에서 가장 복잡하고 어려운 편에 속합니다. 이런 어려운 문제를 척척 해결해내는 인공지능이니, 세그멘테이션이 필요한 거의 모든 분야에서 U-Net을 가져다 사용하고 있습니다.

U-Net의 구조는 아래 그림과 같습니다. 복잡한 네트워크 구조를 그림으로 표현하고 보니 알파벳 U자와 비슷한 형태가 나와서 U-Net이라는 이름이 붙었습니다.

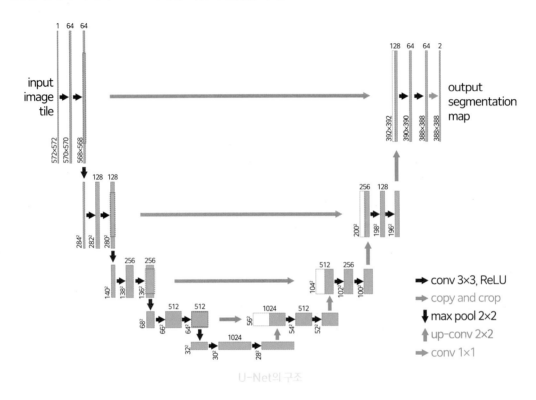

U-Net의 구조

4 딥러닝 모델 코딩

딥러닝 모델 코딩을 시작해 보겠습니다. 예제 폴더를 파이참 프로젝트로 불러옵니다. 로딩이 완료되면 main.py 파일을 열고 〈Python Console〉을 실행합니다.

(1) 라이브러리 불러오기

```
5  from tensorflow import keras
6  import data_reader
7  import unet
```

U-Net의 구조는 매우 복잡하고, 그 규모도 매우 크기 때문에 소스 코드를 전부 책에 수록하는 것은 난이도 측면에서나 가독성 측면에서나 좋지 않다고 판단하였습니다. 그래서 U-Net과 관련된 코드는 unet.py

라이브러리로 가공하여 예제와 함께 제공해 드립니다. 5, 6번째 줄에서 텐서플로와 데이터 리더를 불러오고 추가로 7번째 줄에서 unet.py를 불러옵니다.

(2) 에포크(Epoch) 결정 및 데이터 불러오기

```
 9   # 몇 에포크만큼 학습시킬 것인지 결정합니다.
10   EPOCHS = 50    # 예제 기본값은 50입니다.
11
12   # 데이터를 읽어옵니다.
13   dr = data_reader.DataReader()
```

이번 예제에서는 에포크를 50으로 지정하겠습니다. 13번째 줄에서 데이터를 불러옵니다. 보이지 않는 곳에서 데이터 전처리가 진행됩니다.

(3) U-Net 인공신경망 불러오기

```
15   # U-Net을 불러옵니다.
16   model = unet.graph(128, 128)
```

16번째 줄에서 U-Net을 불러옵니다. 〈unet.py〉 안에 정의된 graph( ) 함수를 호출하는 것으로 U-Net 인공신경망을 제작할 수 있습니다. graph( ) 함수를 호출할 때 입력하려는 이미지의 가로세로 사이즈를 함께 기재해야 합니다. 이번 절에서 사용할 이미지의 가로세로 길이는 (128, 128)입니다.

(4) 인공신경망 컴파일하기

```
18   # 인공신경망을 컴파일합니다.
19   loss = keras.losses.BinaryCrossentropy(from_logits=True)
20   model.compile(optimizer="adam", metrics=["accuracy"], loss=loss)
```

19번째 줄에서 로스를 따로 지정해주고 있습니다. 바이너리 크로스 엔트로피를 로스로 지정하되, from_logits를 True로 세팅합니다. logit은 활성화 함수를 씌우지 않은 분류 모델의 출력층 값을 의미한다고 생각하면 무난합니다. from_logits를 True로 둘 경우 케라스는 신경망의 출력층에 활성화 함수를 적용하지 않은 것으로 인식하고 크로스 엔트로피를 계산합니다.

(1) 인공신경망 학습

```
22    # 인공신경망을 학습시킵니다.
23    print("\n\n************ TRAINING START ************")
24    early_stop = keras.callbacks.EarlyStopping(monitor="val_loss", patience=10)
25    history = model.fit(dr.train_X, dr.train_Y, epochs=EPOCHS,
26                        validation_data=(dr.test_X, dr.test_Y),
27                        callbacks=[early_stop])
```

val_loss를 대상으로 콜백을 정의하고, fit( ) 함수를 실행하여 학습을 진행합니다.

(2) 학습 결과 출력

```
29    # Segmentation 결과를 저장합니다.
30    data_reader.save_segmentation_results(dr.test_X, dr.test_Y, model)
31
32    # 학습 결과를 그래프로 출력합니다.
33    data_reader.draw_graph(history)
```

30번째 줄에의 save_segmentation_results( ) 함수는 테스트 데이터 전체를 대상으로 세그멘테이션을 수행하고, 결과를 하나씩 저장합니다.
33번째 줄에서 history 변수에 저장된 학습 과정을 그래프로 출력합니다. 예제 폴더 내부에 새로운 이미지 파일이 2개 생성됩니다.

⑥ 인공지능 학습 결과 확인하기

(1) 인공지능의 성능 확인하기

코드를 실행하면 콘솔에 다음과 같은 글자가 출력되며 학습이 진행됩니다.

```
************ TRAINING START ************
Epoch 1/50
  loss: 0.5933 - accuracy: 0.6591 - val_loss: 0.4835 - val_accuracy: 0.7635
Epoch 2/50
  loss: 0.4641 - accuracy: 0.7733 - val_loss: 0.4128 - val_accuracy: 0.8097
....
Epoch 22/50
  loss: 0.1113 - accuracy: 0.9533 - val_loss: 0.2629 - val_accuracy: 0.8992
```

콜백이 작동하여 22에포크에서 학습이 중단되었습니다. 인공지능의 최종 성능은 89.92%입니다. 세그멘테이션 결과는 정확도만 갖고 판단하기에 부족한 부분이 있습니다. 영상을 직접 확인해 보는 것이 좋습니다.

(2) 학습 기록 확인하기

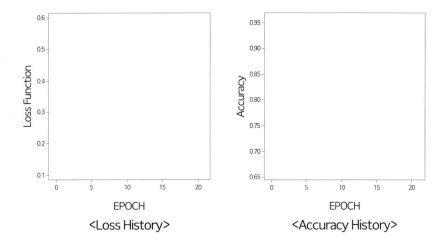

<Loss History>   <Accuracy History>

Loss History와 Accuracy History 모두 오버피팅의 양상이 보입니다. 10에포크 이후로 트레이닝 성능은 계속하여 증가하는데 테스트 성능은 향상하지 않고 있습니다.

(3) 학습 결과 확인하기

예제 폴더 안에 'results'라는 폴더가 새로이 생겨났을 것입니다. 이 폴더를 열어 결과 파일들을 확인해 보겠습니다.

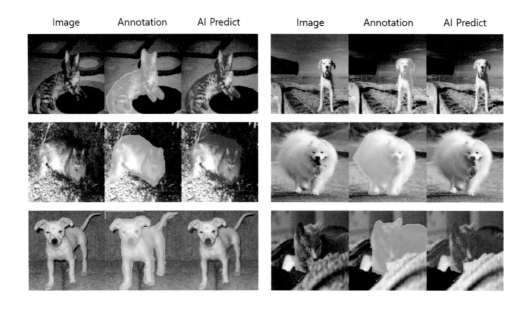

위 사진은 results 폴더의 내용물 일부입니다. 좌측 사진은 원본 데이터, 중앙의 녹색 영역은 annotation 데이터이며 파란색은 인공지능이 예측한 값입니다. 학습 결과가 썩 괜찮은 것 같습니다. 이정도면 AI가 사진을 잘 이해하고 강아지와 고양이에 해당하는 픽셀만 골라내는 데 성공했다고 볼 수 있겠습니다.

 더 알아보기

Semantic Segmentation(시맨틱 세그멘테이션)

시맨틱 세그멘테이션을 활용하면 배경으로부터 물체만 뽑아낼 수 있습니다. 덕분에 암의 진단, 혈관 부피 진단, 수술 보조, 현미경 사진의 분석 등 의료분야에서 굉장히 널리 활용되고 있습니다.
인공위성 영상을 분석하여 숲이나 사막, 녹지를 분할하는 데에도 사용할 수 있으며 자율주행에도 일부 활용되고 있습니다.
한때 옵티컬 플로우(optical flow)를 활용한 세그멘테이션 기법도 많이 활용되었습니다. 이 기법은 정지한 물체에는 적용할 수 없지만, 움직이는 물체를 인식하는 데에는 그럭저럭 쓸만했습니다. 물론 딥러닝의 급부상과 함께 역사의 뒤안길로 잊히고 있지만 말이지요.

콜백의 응용

현재 콜백은 10에포크로 지정되어 있습니다. 당장 성능 향상이 멈추더라도 10에포크가량 지켜보겠다는 이야기입니다. 덕분에 오버피팅이 진행되는 중에도 10에포크가량 불필요한 학습을 더 진행하기도 합니다.

- 콜백의 patience를 수정하여 오버피팅을 줄여봅시다.
  <kbd>Hint</kbd> Patience를 줄이면 학습이 더 빨리 종료됩니다.

CNN 활용하기

여러 산업 분야에서 가장 널리 활용되고, 가장 경제적 가치가 높은 인공지능들의 특징이 있습니다. 대부분 CNN을 활용한다는 점인데요, 이번 장에서는 사람의 생명을 살리는 데 활용되는 CNN 응용 사례들을 살펴보겠습니다.

[의료 AI] 현미경 영상 분석을 통한 암 진단

1 프로젝트 소개

암 진단은 어느 국가 어느 문화권을 가더라도 굉장히 중요한 이슈입니다. 이번에는 유전자 분석이 아니라 영상 분석을 통하여 암을 진단하는 AI를 제작해보겠습니다. 암을 진단하는 방법은 매우 많습니다.

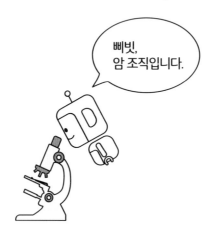

삐빗,
암 조직입니다.

이번에는 인체의 조직 일부를 채취해 얇게 썰어서 촬영한 현미경 영상을 분석해 암을 진단하는 인공지능을 만들어 보겠습니다. 예제 코드와 데이터가 수록된 '3_10_1_[의료 AI] 현미경 영상 분석을 통한 암 진단' 폴더로 이동하세요.

2 데이터 살펴보기

'data' 폴더를 열어보면 'NORMAL' 폴더와 'TUMOR' 폴더를 확인해 볼 수 있습니다. 각각 정상 세포의 현미경 영상과 암세포의 현미경 영상을 담고 있는 폴더입니다. 정상 조직 사진 3,750장과 암 조직 사진 625 장이 포함되어 있습니다.

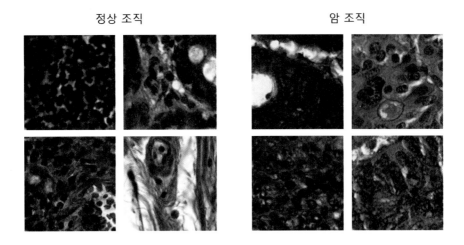

정상 조직   암 조직

위 사진을 살펴보세요. 정상 조직과 암 조직이 구분이 되나요? 저자의 육안으로는 도저히 암 조직과 정상 조직을 구분하지 못하겠습니다. 의사 선생님들께서는 사진만 보면 즉시 어느 쪽이 암 조직인지 구분할 수 있을 것입니다. 이래서 전문지식이 대단한 것입니다. 남다른 통찰력을 확보하기 위해 오랜 시간 정진한 결과물이니 말입니다.

데이터의 모든 수치는 0부터 1 사이의 숫자로 노멀라이즈하여 사용하고, 데이터는 트레이닝 데이터 80%와 테스트 데이터 20%로 분할하여 사용하겠습니다. 자, 과연 AI는 인간 전문가의 영역을 넘볼 수 있을까요?

어떤 인공지능을 만들 건가요?

층수	종류	크기	활성화 함수
1층	CNN	16, (3, 3)	ReLu
–	MaxPool	(2, 2)	–
2층	CNN	32, (3, 3)	ReLu
–	MaxPool	(2, 2)	–
3층	CNN	64, (3, 3)	ReLu
–	MaxPool	(2, 2)	–
4층	CNN	64, (3, 3)	ReLu
–	MaxPool	(2, 2)	–
5층	CNN	64, (3, 3)	ReLu
–	MaxPool	(2, 2)	–
6층	Flatten	–	–
7층	FNN	512	ReLu
8층	FNN	1	–

8장에서 사용한 CNN 분류 AI와 기본적인 구조는 동일합니다. 7층의 FNN 사이즈가 512로 증가한 점이 유일한 차이점입니다. 2개의 클래스를 구분하는 문제이므로 출력층 사이즈를 1로 두었습니다.

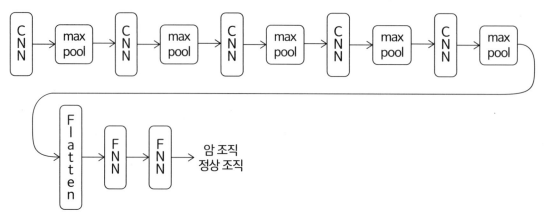

인공지능의 구조

딥러닝 모델 코딩

딥러닝 모델 코딩을 시작해 보겠습니다. 예제 폴더를 파이참 프로젝트로 불러옵니다. 로딩이 완료되면 main.py 파일을 열고 〈Python Console〉을 실행합니다.

```
5   from tensorflow import keras
6   import data_reader
7
8   # 몇 에포크만큼 학습시킬 것인지 결정합니다.
9   EPOCHS = 20   # 예제 기본값은 20입니다.
10
11  # 데이터를 읽어옵니다.
12  dr = data_reader.DataReader()
13
14  # 인공신경망을 제작합니다.
15  model = keras.Sequential([
16      keras.layers.Conv2D(16, (3, 3), activation="relu"),
17      keras.layers.MaxPooling2D((2, 2)),
18      keras.layers.Conv2D(32, (3, 3), activation="relu"),
19      keras.layers.MaxPooling2D((2, 2)),
```

```
20    keras.layers.Conv2D(64, (3, 3), activation="relu"),
21    keras.layers.MaxPooling2D((2, 2)),
22    keras.layers.Conv2D(64, (3, 3), activation="relu"),
23    keras.layers.MaxPooling2D((2, 2)),
24    keras.layers.Conv2D(64, (3, 3), activation="relu"),
25    keras.layers.MaxPooling2D((2, 2)),
26    keras.layers.Flatten(),
27    keras.layers.Dense(512, activation="relu"),
28    keras.layers.Dense(1)
29 ])
30
31 # 인공신경망을 컴파일합니다.
32 model.compile(optimizer="adam", metrics=["accuracy"],
33               loss="binary_crossentropy")
```

8장에서 활용한 코드들과 대부분 동일하며, 27번째 줄에서 퍼셉트론의 수가 512로 변한 것이 유일한 차이점입니다.

인공지능 학습

(1) 인공신경망 학습

```
35   # 인공신경망을 학습시킵니다.
36   print("\n\n*********** TRAINING START ************")
37   early_stop = keras.callbacks.EarlyStopping(monitor="val_loss", patience=10)
38   history = model.fit(dr.train_X, dr.train_Y, epochs=EPOCHS,
39                      validation_data=(dr.test_X, dr.test_Y),
40                      callbacks=[early_stop])
```

val_loss를 대상으로 콜백을 정의하고, fit( ) 함수를 실행하여 학습을 진행합니다.

(2) 학습 결과 출력

```
42   # 학습 결과를 그래프로 출력합니다.
43   data_reader.draw_graph(history)
```

history 변수에 저장된 학습 과정을 그래프로 출력합니다. 예제 폴더 내부에 새로운 이미지 파일이 2개 생성됩니다.

6 인공지능 학습 결과 확인하기

(1) 인공지능의 성능 확인하기

코드를 실행하면 콘솔에 아래와 같은 글자가 출력되며 학습이 진행됩니다.

```
************ TRAINING START *************
Epoch 1/20
  loss: 0.4488 - accuracy: 0.8486 - val_loss: 0.3704 - val_accuracy: 0.8571
Epoch 2/20
  loss: 0.3108 - accuracy: 0.8686 - val_loss: 0.2321 - val_accuracy: 0.9051
....
Epoch 20/20
  loss: 0.0206 - accuracy: 0.9929 - val_loss: 0.2053 - val_accuracy: 0.9634
```

마지막 줄에 기재된 val_accuracy가 인공지능의 최종 성능에 해당합니다. 정확도가 96.34%입니다. 인간이 수년간의 경험을 통해 쌓아 올려야 하는 전문지식을 AI는 고작 20에포크만에 확보했습니다.

(2) 학습 기록 확인하기

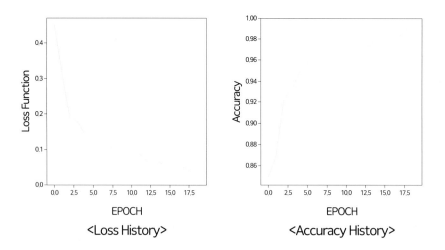

<Loss History>   <Accuracy History>

Loss History와 Accuracy History 10에포크 근처부터 오버피팅의 양상을 보입니다. 오버피팅을 보이는 와중에 96%가 넘는 정확도라니, 정말 AI의 능력은 대단합니다. 학습에 사용한 데이터를 아무리 살펴봐도 차이를 전혀 모르겠던데, 도대체 어떻게 암 조직과 정상 조직을 구분해낸 걸까요?

더 알아보기

의료용 AI, 왜 필요한가?

의사 한 명이 다양한 경험을 쌓아 올리며 능력을 갖추는 데에는 상당한 시간이 필요합니다. 그리고 숙련된 의사라 하더라도 대량의 사진을 분석하는 데에는 시간이 많이 필요합니다. 사람은 1초 만에 수천 장의 사진을 분석할 수 없지만, 인공지능은 손쉽게 할 수 있습니다. 아예 검사 프로세스 초반부터 AI가 수천 장의 사진을 대상으로 대략적인 검토를 하고, 숙련된 인간 전문의가 AI가 골라준 사진 위주로 재검토하면 시간을 훨씬 단축하면서도 중요한 사진에 더욱 노력과 시간을 투자할 수 있지 않을까요?

효율의 문제를 떠나서도 AI를 의료 현장에 투입하는 데에는 큰 효용이 있습니다. 2017년, 삼성전자 임원분께서 KAIST 바이오 및 뇌공학과에 강연을 오신 적이 있습니다. 강연 때 소개한 내용 중 삼성전자에서 개발 중인 의료용 AI가 정말로 인상 깊었습니다.

당시 삼성전자는 흉부 X레이 사진에서 갈비뼈만 지워주는 AI를 보유하고 있었습니다. 이 AI를 활용해 사진에서 갈비뼈를 지우고, 온전한 허파 사진에서 폐암을 진단하는 과정을 모두 AI로 진행할 수 있다는 것이 발표의 내용이었습니다. 뼈가 없는 흉부 사진이 있다면 폐 자체에 대해 훨씬 더 많은 정보를 얻을 수 있겠지요. 이게 벌써 3년 전에 완성되어 대외적으로 공개해도 될 수준의 기술이었으니, 현재에는 어떤 놀라운 인공지능을 개발해 사용하고 있을지 정말 궁금합니다.

프로젝트 응용하기

오버피팅 회피

지금까지 배운 지식을 활용하여 오버피팅으로 인한 성능 저하를 개선해 보세요.

2절 [의료 AI] 현미경 영상 분석을 통한 세포 종류 진단

1 프로젝트 소개

이번에는 암세포와 정상 세포 2개의 카테고리 분류로 끝내지 않고, 조금 더 어려운 문제를 풀어보겠습니다. 이번에는 현미경 사진을 분석해 영상을 총 8종류의 조직으로 분류하는 문제입니다. 임상에서 슬라이드 촬영과 분류가 자동으로 이루어진다면 상당히 많은 곳에 효용성이 있을 것입니다.

예제 코드와 데이터가 수록된 '3_10_2 [의료 AI] 현미경 영상 분석을 통한 세포 종류 진단' 폴더로 이동하세요.

2 데이터 살펴보기

'data' 폴더 안에 총 8개의 폴더가 존재합니다. 이 폴더 내부에 각각의 조직에 맞는 현미경 사진들이 각각 625 장씩 저장되어 있습니다.

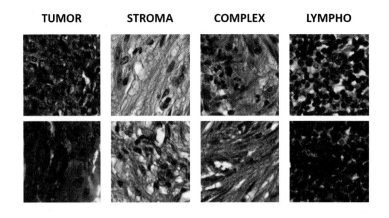

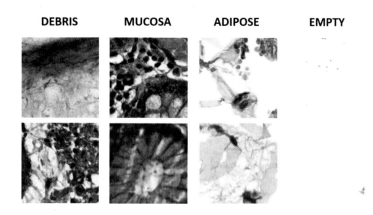

각 사진의 데이터는 0부터 1 사잇값으로 노멀라이즈됩니다. 트레이닝 데이터와 테스트 데이터의 비율은 8:2 입니다.

층수	종류	크기	활성화 함수
1층	CNN	16, (3, 3)	ReLu
–	MaxPool	(2, 2)	–
2층	CNN	32, (3, 3)	ReLu
–	MaxPool	(2, 2)	–
3층	CNN	64, (3, 3)	ReLu
–	MaxPool	(2, 2)	–
4층	CNN	64, (3, 3)	ReLu
–	MaxPool	(2, 2)	–
5층	CNN	64, (3, 3)	ReLu
–	MaxPool	(2, 2)	–
6층	Flatten	–	–
7층	FNN	512	ReLu
8층	FNN	8	SoftMax

출력층의 구조만 제외하면 1절의 AI와 구조가 완전히 동일합니다. 분류 대상이 8개로 늘어났으므로 출력층의 크기를 8로 증가시켰습니다. 분류 문제에 맞추어 활성화 함수는 소프트맥스로 지정하였습니다.

딥러닝 모델 코딩을 시작해 보겠습니다. 예제 폴더를 파이참 프로젝트로 불러옵니다. 로딩이 완료되면
main.py 파일을 열고 〈Python Console〉을 실행합니다.

```python
5  from tensorflow import keras
6  import data_reader
7
8  # 몇 에포크만큼 학습시킬 것인지 결정합니다.
9  EPOCHS = 20   # 예제 기본값은 20입니다.
10
11 # 데이터를 읽어옵니다.
12 dr = data_reader.DataReader()
13
14 # 인공신경망을 제작합니다.
15 model = keras.Sequential([
16     keras.layers.Conv2D(16, (3, 3), activation="relu"),
17     keras.layers.MaxPooling2D((2, 2)),
18     keras.layers.Conv2D(32, (3, 3), activation="relu"),
19     keras.layers.MaxPooling2D((2, 2)),
20     keras.layers.Conv2D(64, (3, 3), activation="relu"),
21     keras.layers.MaxPooling2D((2, 2)),
22     keras.layers.Conv2D(64, (3, 3), activation="relu"),
23     keras.layers.MaxPooling2D((2, 2)),
24     keras.layers.Conv2D(64, (3, 3), activation="relu"),
25     keras.layers.MaxPooling2D((2, 2)),
26     keras.layers.Flatten(),
27     keras.layers.Dense(512, activation="relu"),
28     keras.layers.Dense(8, activation="softmax")
29 ])
30
31 # 인공신경망을 컴파일합니다.
32 model.compile(optimizer="adam", metrics=["accuracy"],
33               loss="sparse_categorical_crossentropy")
```

앞 절의 코드와 대부분 유사합니다. 28번째 줄에서 출력층의 크기를 8, 활성화 함수로 소프트맥스를
활용하고 있는 점과 33번째 줄에서 'sparse_categorical_crossentropy'를 활용하고 있는 점이 유일한
차이점입니다.

(1) 인공신경망 학습

```
35    # 인공신경망을 학습시킵니다.
36    print("\n\n*********** TRAINING START ************")
37    early_stop = keras.callbacks.EarlyStopping(monitor="val_loss", patience=10)
38    history = model.fit(dr.train_X, dr.train_Y, epochs=EPOCHS,
39                        validation_data=(dr.test_X, dr.test_Y),
40                        callbacks=[early_stop])
```

val_loss를 대상으로 콜백을 정의하고, fit( ) 함수를 실행하여 학습을 진행합니다.

(2) 학습 결과 출력

```
42    # 학습 결과를 그래프로 출력합니다.
43    data_reader.draw_graph(history)
```

history 변수에 저장된 학습 과정을 그래프로 출력합니다. 예제 폴더 내부에 새로운 이미지 파일이 2개 생성됩니다.

(1) 인공지능의 성능 확인하기

코드를 실행하면 콘솔에 아래와 같은 글자가 출력되며 학습이 진행됩니다.

```
*********** TRAINING START ************
Epoch 1/20
  loss: 1.3583 - accuracy: 0.4223 - val_loss: 1.0437 - val_accuracy: 0.5440
Epoch 2/20
  loss: 1.0306 - accuracy: 0.5587 - val_loss: 0.9021 - val_accuracy: 0.6270
....
Epoch 15/20
  loss: 0.5707 - accuracy: 0.7750 - val_loss: 0.7346 - val_accuracy: 0.7420
```

마지막 줄에 기재된 val_accuracy가 인공지능의 최종 성능에 해당합니다. 이 모델의 정확도는 대략 72~76% 사이에서 수렴합니다.

(2) 학습 기록 확인하기

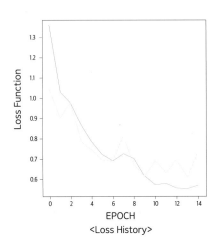

\<Loss History\>

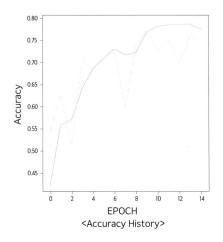

\<Accuracy History\>

Loss History를 먼저 살펴보겠습니다. 짙은 선이 트레이닝 로스이고, 옅은 선이 테스트 로스입니다. 트레이닝 로스도 부드럽게 감소하지는 않고 있습니다. 로스가 어느 정도 내려온 이후부터는 테스트 로스가 꾸준히 트레이닝 로스보다 높은 곳에 위치합니다.

Accuracy History를 통해 살펴본 학습 상황도 썩 좋지는 않습니다. 테스트 성능이 고르지 못하고 진동하고 있습니다. 후반부에는 오버피팅 양상이 보이는데, 트레이닝 정확도마저 감소세로 돌아서려 하는 점이 인상적입니다.

1절의 예제와 결과가 많이 차이납니다. 같은 데이터를 사용하더라도 카테고리가 2개인 분류 문제와 8개인 분류 문제는 난이도가 다릅니다.

CNN은 영상처리 이외 분야에서도 널리 사용되고 있습니다.

딥러닝에 한창 거품이 껴서 너도나도 연구 분야에 딥러닝을 추가하던 시절, 유전자 연구에 딥러닝을 활용한 재미있는 논문이 발표된 적이 있었습니다. 이 논문에서는 유전자를 일렬로 배열한 다음 1×5 사이즈 필터를 가진 1차원 CNN을 적용시켜 유전자의 발현 특색을 분석했습니다. 몹시 재미있는 시도였지만 딥러닝을 사용하지 않고 전통적인 방법을 활용했더라면 더 좋은 성능을 낼 수 있었을지도 모릅니다.

목소리나 음악 등 소리 데이터를 CNN으로 분석하면 성능이 좋게 나옵니다. 소리는 STFT(Short Time Fourier Transform)[9] 하면 이미지와 같은 형태로 펼쳐집니다. 여기에 CNN을 적용하여 소리 데이터를 처리하는 것입니다.

자연어 처리에도 CNN을 사용하는 시도가 많습니다. CNN을 적용할 경우 필터가 이미지 위를 움직이며 연산이 수행됩니다. 이때 필터가 움직이는 위치와 순서가 일정하므로, 〈정보가 처리되는 순서〉가 항상 일정하다는 특색이 있습니다. 이 점을 이용해 CNN을 텍스트 처리에 응용한 연구가 이미 2014년에 있었습니다. 자연어 처리 대회 중 가장 유명한 〈IMDB Benchmark〉 순위를 살펴보면 2014년에 제안된 Seq2-bown-CNN이라는 CNN 알고리즘이 아직도 11위 자리를 지키고 있습니다. 최근에 제안된 웬만한 LSTM 알고리즘보다 당시 제안된 CNN 자연어 처리 알고리즘이 월등히 뛰어나다는 이야기입니다.

CNN, 정말 팔방미인이 따로 없습니다.

지금까지 배운 지식을 활용하여 오버피팅으로 인한 성능 저하를 개선해 보세요.

---

9 푸리에 변환(Fourier Transform, FT)의 응용으로, (시간-위상) 2차원 데이터인 소리를 (시간-주파수-주파수)별 진폭 3차원 데이터로 분해하는 기법입니다. STFT 결과 소리 데이터의 형태가 (시간-x축-y축) 3차원 데이터인 동영상과 같아지므로 영상 분석 기법을 소리에 적용할 수 있게 됩니다. STFT를 활용하면 실시간으로 소리를 분석하여 어떤 주파수 대역이 얼마나 포함되어 있는지 분석할 수 있습니다.

3절 [의료 AI] 흉부 CT 영상 분석을 통한 폐암 진단

1 프로젝트 소개

시맨틱 세그멘테이션이 가장 많이 연구되는 분야는 의료영상 분야입니다. 이번에는 시맨틱 세그멘테이션 기술을 응용해 흉부 CT영상을 분석하여 폐암을 진단하는 인공지능을 만들어보겠습니다.

예제 코드와 데이터가 수록된 '3_10_3_[의료 AI] 흉부 CT영상 분석을 통한 폐암 진단' 폴더로 이동하세요.

2 데이터 살펴보기

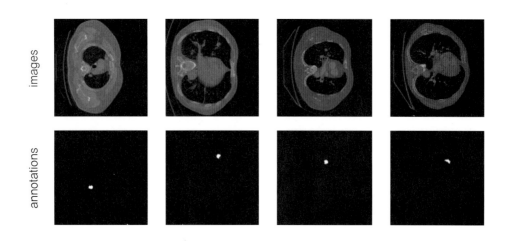

'data' 폴더를 열어보면 'images'와 'annotations' 폴더를 확인할 수 있습니다. 앞 그림의 윗줄이 images에 해당하며 아랫줄이 annotations에 해당합니다. 의료영상 세그멘테이션이 어려운 이유를 바로 알 수 있습니다. 표지 대상에 해당하는 영역이 대체로 너무 작습니다. 형태도 불규칙적입니다. 사람이 봐도 어느 부위가 암 덩어리인지 모르겠습니다.

③ 어떤 인공지능을 만들 건가요?

앞서 활용한 U-Net을 그대로 활용하겠습니다.

④ 딥러닝 모델 코딩

딥러닝 모델 코딩을 시작해 보겠습니다. 예제 폴더를 파이참 프로젝트로 불러옵니다. 로딩이 완료되면 main.py 파일을 열고 〈Python Console〉을 실행합니다.

```
5   from tensorflow import keras
6   import data_reader
7   import unet
8
9   # 몇 에포크만큼 학습시킬 것인지 결정합니다.
10  EPOCHS = 50   # 예제 기본값은 50입니다.
11
12  # 데이터를 읽어옵니다.
13  dr = data_reader.DataReader()
14
15  # U-Net을 불러옵니다.
16  model = unet.graph(128, 128)
17
18  # 인공신경망을 컴파일합니다.
19  loss = keras.losses.BinaryCrossentropy(from_logits=True)
20  model.compile(optimizer="adam", metrics=["accuracy"], loss=loss)
```

앞의 9장 4절에서 활용한 U-Net 코드와 동일합니다.

(1) 인공신경망 학습

```
22    # 인공신경망을 학습시킵니다.
23    print("\n\n*********** TRAINING START ***********")
24    early_stop = keras.callbacks.EarlyStopping(monitor="val_loss", patience=10)
25    history = model.fit(dr.train_X, dr.train_Y, epochs=EPOCHS,
26                        validation_data=(dr.test_X, dr.test_Y),
27                        callbacks=[early_stop])
```

val_loss를 대상으로 콜백을 정의하고, fit( ) 함수를 실행하여 학습을 진행합니다.

(2) 학습 결과 출력

```
29    # Segmentation 결과를 저장합니다.
30    data_reader.save_segmentation_results(dr.test_X, dr.test_Y, model)
31
32    # 학습 결과를 그래프로 출력합니다.
33    data_reader.draw_graph(history)
```

30번째 줄에의 save_segmentation_results( ) 함수는 테스트 데이터 전체를 대상으로 세그멘테이션을 수행하고, 결과를 하나씩 저장합니다.

33번째 줄에서 history 변수에 저장된 학습 과정을 그래프로 출력합니다. 예제 폴더 내부에 새로운 이미지 파일이 2개 생성됩니다.

(1) 인공지능의 성능 확인하기

코드를 실행하면 콘솔에 다음과 같은 글자가 출력되며 학습이 진행됩니다.

```
************* TRAINING START *************
Epoch 1/50
  loss: 0.2400 - accuracy: 0.9942 - val_loss: 0.0545 - val_accuracy: 0.9942
Epoch 2/50
  loss: 0.0323 - accuracy: 0.9942 - val_loss: 0.0251 - val_accuracy: 0.9942
....
Epoch 50/50
  loss: 0.0020 - accuracy: 0.9991 - val_loss: 0.0025 - val_accuracy: 0.9989
```

인공지능의 최종 성능은 99.89%입니다. 사람이 봐도 뭐가 뭔지 모르겠던데, AI는 어떻게 이렇게 학습을 잘하는 걸까요? 미스터리입니다.

(2) 학습 기록 확인하기

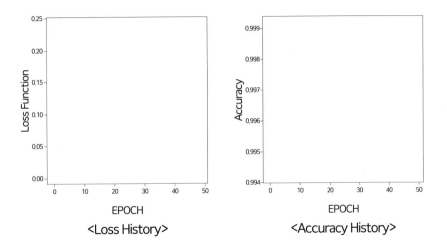

<Loss History>   <Accuracy History>

Loss History와 Accuracy History 모두 순조롭게 학습이 진행되었습니다.

(3) 학습 결과 확인하기

예제 폴더 안에 'results'라는 폴더가 새로이 생겨났을 것입니다. 이 폴더를 열어 결과 파일들을 확인해 보겠습니다.

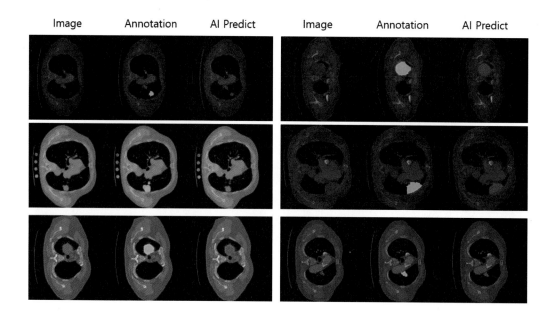

위 사진은 results 폴더의 내용물 일부입니다. 좌측 사진은 원본 데이터, 중앙의 녹색 영역은 annotation 데이터이며 파란색은 인공지능이 예측한 값입니다. 학습 결과가 썩 괜찮은 것 같습니다. AI가 예측한 영역이 annotation 데이터에 비해 약간 작은 것이 특징입니다.

더 알아보기

Non-negative Matrix Factorization

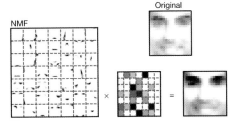

행렬 하나를 여러 개의 행렬 곱으로 분할하는 것을 matrix factorization이라고 합니다. 여기에 "음수 사용을 금지한다."라는 제약 조건을 하나만 추가하면 놀라운 일이 벌어집니다. 위 그림과 같이, 현실의 데이터들이 여러 피쳐로 분할되는 현상이 일어납니다. 이를 NMF(Non-negative Matrix Factorization, 음수 미포함 행렬 분해)라고 합니다.

직관적으로 생각해 보자면, 현실의 데이터를 양수 영역에서만 쪼개 가졌으니 언뜻 당연한 결과로 보이기는 합니다. 현실에는 음수 데이터가 존재하지 않으므로 현실의 여러 피쳐가 이리저리 쪼개질 수도 있지요. 이 제약 조건은 영상 데이터에서만 성립하는 것이 아닙니다.

환자로부터 암 덩어리를 떼어내 조직검사를 하는 경우를 생각해봅시다. 수술을 통해 떼어낸 종양에는 암세포만 포함된 것이 아니라 정상 세포도 많이 포함되어 있습니다. 암이 크면 클수록, 암 기수가 높아지면 높아질수록 암 수술 시 딸려 나온 정상 세포의 비율이 높아집니다. 추출된 종양 덩어리에서 순수한 암세포가 차지하는 비율을 종양세포 비율(tumor purity)이라고 부릅니다. 환자의 암 유전자 분석은 항상 불순물인 '정상 세포'가 섞여 있다는 의미인데요, 암 유전자 데이터에 NMF를 적용하면 암세포 유전자와 정상 세포 유전자 피쳐를 분리할 수 있습니다.

간단해보이지만 이렇게도 활용도가 높은 NMF를 21년 전 발명하신 프린스턴 대학의 세바스찬 승(승현준) 교수님께서는 현재 AI 분야 세계 최고의 석학으로 불리고 계십니다.

프로젝트 응용하기

학습 조기 종료

에포크가 길어짐에 따른 성능의 추가 개선은 미미한 것으로 보입니다. 에포크를 줄이거나 콜백 patience를 단축하여, 학습이 조금 더 조기에 종료되게 하면서도 비슷한 성능을 보이도록 학습을 진행해 보세요.

4편

인간의 기억력을 흉내 낸 인공지능 - LSTM

자연어 학습 인공지능

자연어(natural language)는 현실 세계에서 인간이 사용하는 언어를 의미합니다. 프로그래밍 언어와 같이 인공적으로 만들어진 언어와 구분하기 위하여 자연어라고 부릅니다. 마블 영화에 등장하는 자비스는 토니 스타크의 말을 척척 알아듣고 대답도 합니다. 이렇게 사람의 말을 이해하는 컴퓨터 알고리즘을 자연어 처리(NLP: Natural Language Processing)라고 부릅니다. 스마트폰에 들어있는 시리(Siri)나 빅스비(Bixby)가 대표적인 NLP AI입니다. 이번 장에서는 스팸 문자를 걸러내는 NLP AI를 제작해보겠습니다.

1절 AI는 스팸 문자를 걸러낼 수 있을까?
2절 장기 기억과 단기 기억, LSTM
3절 LSTM AI는 얼마나 성능이 뛰어날까?

AI는 스팸 문자를 걸러낼 수 있을까?

프로젝트 소개

보험 광고, 대출 권유, 불법 토토 사이트 광고 등 별로 수신하고 싶지 않은 스팸 문자들이 쏟아지는 세상입니다. 인공지능이 스팸 문자를 인식해 수신 알람이 뜨기 전에 미리 차단해 줄 수 있다면 편리하지 않을까요? 더 나아가 스팸 문자뿐 아니라 스팸메일과 SNS 스팸 게시물도 걸러줄 수 있다면 좋을 텐데요.

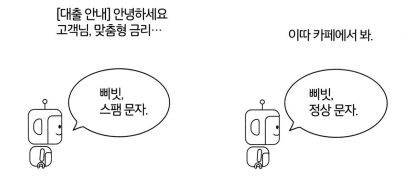

이번 절에서 이런 AI를 만들어보겠습니다. 예제 코드와 데이터가 저장된 '4_11_1_AI는 스팸 문자를 걸러낼 수 있을까' 폴더로 이동하세요.

데이터 살펴보기

(1) 데이터 파일 열어보기

'data' 폴더 내부에 스팸 문자 데이터베이스가 저장되어 있습니다. 파일을 열어 내용물을 확인해봅시다.

ham	Go until jurong point, crazy.. Available only in bugis n great world la e buffet... Cine there got amore wat...
ham	Ok lar... Joking wif u oni...
spam	Free entry in 2 a wkly comp to win FA Cup final tkts 21st May 2005. Text FA to 87121 to receive entry question(std txt rate)T&C's apply 08452810075over18's
ham	U dun say so early hor... U c already then say...

ham
spam

Nah I don't think he goes to usf, he lives around here though

FreeMsg Hey there darling it's been 3 week's now and no word back! I'd like some fun you up for it still? Tb ok! XxX std chgs to send, £1.50 to rcv

한 줄에 데이터가 하나씩 수록되어 있습니다. 정상적인 문자는 〈ham〉으로 태깅되어 있으며 스팸 문자는 〈spam〉으로 태깅되어 있습니다. 정상적인 문자와 스팸 문자를 구분하려면 AI에 '정상적인 문자란 어떤 것인지' 알려줄 필요가 있기 때문에 〈ham〉과 〈spam〉이 함께 기재되어 있습니다. 데이터의 80%는 트레이닝 데이터로, 20%는 테스트 데이터로 활용합니다.

(2) 자연어를 숫자로 변환하기

지금까지 우리는 인공신경망에 0부터 1 사이의 숫자를 입력했습니다(예외적으로 GAN 예제에서는 −1부터 1 사이 숫자를 입력했습니다.). 이번 절에서 사용할 문자메시지 데이터 역시 0부터 1 사이 숫자로 변환하여 사용할 것입니다. 우선 0부터 1 사이 숫자로 바꾸기 전에 영어단어를 숫자로 바꾸는 것이 우선이겠지요. 아래와 같은 문장을 분석해 보겠습니다.

"I ate the cake."

위 문장에 사용된 단어들을 알파벳순으로 정리하여 목록을 만들면 아래와 같습니다. 단어의 아래에는 숫자가 적혀 있습니다. 이 숫자들의 의미는 목록 안에서 이 단어의 순서입니다.

ate	cake	I	the
0	1	2	3

"I ate the cake."라는 문장에 사용된 단어들을 목록에 기재된 순서로 변환하면 (2, 0, 3, 1)이라는 숫자로 변환됩니다. 이것이 자연어를 숫자로 변환하는 가장 기본적인 방법입니다. 이번에는 조금 더 커다란 목록을 만들어 보겠습니다.

a	an	apple	ate	brought	cake	I	the	to	you
0	1	2	3	4	5	6	7	8	9

이 목록을 활용하면 다양한 자연어 문장을 만들 수 있습니다.

(6, 3, 1, 2)　　　　"I ate an apple"
(6, 4, 0, 5, 8, 9)　"I brought a cake to you"
(9, 3, 7, 5)　　　　"You ate the cake"
(6, 3, 1, 2, 5)　　　"I ate an apple cake"

그 외에도 다양한 조합들이 가능할 것입니다. 자연어 문장에 사용된 단어들을 일단 모아서 목록으로 만들면, 그 목록을 참고하여 자연어를 숫자로 변환할 수 있습니다. 이제 문장을 0과 1로 변환하는 방법을 알아보겠습니다.

(3) 원 핫 벡터(one hot vector) 임베딩

앞서 문장을 숫자의 모음으로 변환하는 과정은 체험해 봤습니다. 이번에는 단순 숫자의 모음이 아니라 벡터의 모음으로 변환하는 방법을 알아보겠습니다.

원 핫 벡터라는 표기 방법을 활용하면 여러 종류의 카테고리를 벡터로 바꿀 수 있습니다. 원 핫 벡터를 만드는 방법은 의외로 간단합니다. 숫자 n을 원 핫 벡터로 변환하는 방법은 다음과 같습니다.

　　　– 모든 내용물이 0으로 채워진 벡터를 하나 만듭니다.
　　　– 벡터의 n번째 숫자만 1로 바꿉니다.
　　　– 끝

간단하지요? 이때 벡터의 크기는 목록의 크기와 같아야 합니다. 예를 들어 앞서 살펴본 예와 같이 크기 10 짜리 단어 목록을 활용하여 원 핫 벡터를 만들 때는 벡터의 크기가 10이어야 합니다. 단어 6,000개를 활용한 목록을 활용하여 원 핫 벡터를 만들 때는 벡터의 크기가 6,000이어야 하겠지요.

위 표를 활용하여 "I ate an apple cake."를 원 핫 벡터로 변환하는 과정을 살펴보겠습니다.

　　　– "I ate an apple cake."
　　　– (6, 3, 1, 2, 5)
　　　– (0, 0, 0, 0, 0, 0, 1, 0, 0, 0),
　　　　(0, 0, 0, 1, 0, 0, 0, 0, 0, 0)
　　　　(0, 1, 0, 0, 0, 0, 0, 0, 0, 0)
　　　　(0, 0, 1, 0, 0, 0, 0, 0, 0, 0)
　　　　(0, 0, 0, 0, 0, 1, 0, 0, 0, 0)

학습에 사용할 데이터는 총 5,574개의 문자메시지로 구성되어 있으며, 문자메시지에 사용된 단어의 종류는 총 8,983개입니다. 총 8,983개의 단어로 구성되어 있으므로 모든 단어는 크기 8,983인 원 핫 벡터로 변환됩니다. 원 핫 벡터로의 변환은 데이터를 불러오는 단계가 아니라, 신경망을 코딩하는 단계에서 처리합니다.

(4) 문장의 길이가 모두 다르지 않나요?

문자메시지 데이터 중 가장 긴 문자메시지는 총 189개의 단어로 구성되어 있습니다. 그리고 그보다 짧은 문자메시지도 얼마든지 존재합니다. 단어 10개로 구성된 데이터는 원 핫 벡터 10개의 모음이 될 것이고, 단어 189개로 구성된 문장은 원 핫 벡터 189개의 모음이 될 것입니다. 데이터의 크기가 제각각입니다. 이러면 학습에 사용할 수 없습니다.

학습에 활용하기 위하여 문장 데이터의 길이를 모두 똑같이 맞춰 줄 필요가 있습니다. 문장 뒤에 0을 채워 넣는 방식으로 쉽게 문제를 해결할 수 있습니다.

예를 들어 단어 10개로 구성된 문장은 단어를 의미하는 벡터 10개 뒤에 0으로만 구성된 벡터 179개를 붙여 길이를 189로 늘려줍니다. 단어 40개로 구성된 문장에는 0으로만 구성된 벡터 149개가 붙겠지요. 이런 기법을 제로 패딩이라고 부릅니다.

제로 패딩을 통해 문장의 길이까지 맞춰 주면, 이제 인공신경망이 자연어를 학습할 준비가 끝납니다.

(1) 인공신경망의 구조

1층	Embedding	8983, 128	–
–	Global Average Pooling 1D	–	–
2층	FNN	32	ReLu
–	Dropout	rate=0.1	–
3층	FNN	1	sigmoid

3층짜리 FNN을 활용해보겠습니다. 'Embedding'과 'Global Average Pooling'이라는 개념이 새로이 등장했습니다. 그 외에는 평범한 FNN과 드롭아웃으로 구성된 작은 모델입니다.

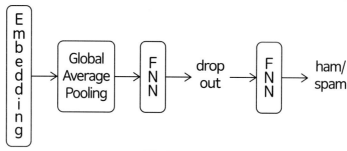

인공지능의 구조

(2) 임베딩(Embedding)

데이터 처리 단계에서 문장을 원 핫 벡터로 다듬는 과정은 굉장히 번거롭습니다. 임베딩 레이어는 이 과정을 생략해 줍니다. 예를 들어 아래 문장을 임베딩 레이어에 입력하는 것을 생각해 보겠습니다.

- "I ate an apple cake."
- (6, 3, 1, 2, 5)

이때 (6, 3, 1, 2, 5)를 원 핫 벡터로 변환하지 않고 바로 임베딩 레이어에 입력할 수 있습니다. 임베딩 레이어는 보이지 않는 곳에서 이 데이터를 원 핫 벡터로 다듬어 입력받고, 다른 사이즈로 출력까지 해 줍니다.

앞의 표에서는 Embedding 레이어의 사이즈를 (8983, 128)이라 표기하고 있습니다. 왼쪽에 기재된 8983은 원 핫 벡터를 만들기 위한 단어의 총 개수를 의미합니다. 128은 임베딩 레이어가 출력하는 데이터의 사이즈를 의미합니다. 엄밀하게 따져 보자면 임베딩 레이어는 단일 층이 아니라 뉴럴 네트워크 2개 층을 합쳐둔 것과 같습니다.

예제의 문장 데이터는 길이 189짜리 벡터입니다. 이 벡터를 임베딩 레이어에 입력하면 (189, 128) 사이즈의 데이터가 출력됩니다. 총 단어 개수인 8,983이라는 숫자는 사라지고 한 단계 더 추상화된 데이터만 출력되는 것입니다. 따라서 임베딩 레이어를 활용하면 자연어 처리에 걸리는 시간을 상당히 단축할 수 있습니다.

(3) Global Pooling

앞서 우리는 데이터의 사이즈를 축소하는 풀링 레이어를 공부했습니다. 글로벌 풀링은 데이터의 사이즈뿐 아니라 차원까지도 축소하는 풀링 기법입니다.

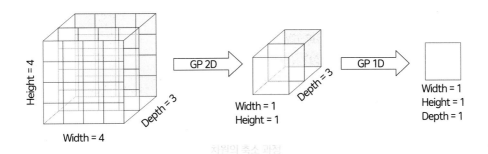

위 그림을 통해 글로벌 풀링의 개념을 이해해보겠습니다. 맨 왼쪽에 있는 데이터는 가로, 세로, 높이가 존재하는 3차원 데이터입니다. 이미지 데이터가 보통 이런 형태입니다. 이 데이터에 글로벌 풀링 연산을 수행하면 가운데 그림과 같이 가로, 세로 데이터가 소실됩니다. 3차원 데이터가 2차원 데이터로 압축된 것입니다. 여기에 한번 더 글로벌 풀링을 적용하면 깊이 정보가 소실되며 1차원 데이터인 스칼라 값 1개가 됩니다.

3차원 데이터를 2차원으로 줄이는 연산을 〈Global Pooling 2D〉라고 부르며 2차원 데이터를 1차원으로 줄이는 연산을 〈Global Pooling 1D〉라고 부릅니다. 철학은 똑같은데 둘을 굳이 구분하는 이유는 코딩 방식이 약간 다르기 때문입니다.

풀링 방식은 맥스 풀링과 애버리지 풀링 등을 자유롭게 적용할 수 있습니다. 본 예제에서는 애버리지 풀링을 활용합니다.

💠 딥러닝 모델 코딩

딥러닝 모델 코딩을 시작해 보겠습니다. 예제 폴더를 파이참 프로젝트로 불러옵니다. 로딩이 완료되면 main.py 파일을 열고 〈Python Console〉을 실행합니다.

(1) 학습을 위한 선행작업

```
5  from tensorflow import keras
6  import data_reader
7
8  # 몇 에포크만큼 학습시킬 것인지 결정합니다.
9  EPOCHS = 50    # 예제 기본값은 50입니다.
10
11  # 데이터를 읽어옵니다.
12  dr = data_reader.DataReader()
```

여느 때와 같이 학습을 위한 선행작업을 실시합니다. 예제의 기본 에포크는 50으로 세팅했습니다.

(2) 인공신경망 코딩하기

```
14    # 인공신경망을 제작합니다.
15    model = keras.Sequential([
16        keras.layers.Embedding(8983, 128),
17        keras.layers.GlobalAveragePooling1D(),
18        keras.layers.Dense(32, activation="relu"),
19        keras.layers.Dropout(0.1),
20        keras.layers.Dense(1, activation="sigmoid")
21    ])
```

Sequential( ) 함수를 활용해 무난하게 신경망을 생성합니다. 16번째 줄에서 Embedding 레이어의 사용법이 등장하고 있으며, 17번째 줄에서 글로벌 풀링 레이어의 사용 방법이 등장합니다. Sequential( ) 안에서 차곡차곡 쌓아 올리는 것으로 구현이 간단하게 끝납니다.

(3) 인공신경망 컴파일하기

```
23    # 인공신경망을 컴파일합니다.
24    model.compile(optimizer="adam", metrics=["accuracy"],
25                  loss="binary_crossentropy")
```

바이너리 크로스 엔트로피를 로스 함수로 지정하며 인공신경망을 컴파일합니다.

(1) 인공신경망 학습

```
27    # 인공신경망을 학습시킵니다.
28    print  ("\n\n*********** TRAINING START ************")
29    early_stop = keras.callbacks.EarlyStopping(monitor="val_loss", patience=10)
30    history = model.fit(dr.train_X, dr.train_Y, epochs=EPOCHS,
31                        validation_data=(dr.test_X, dr.test_Y),
32                        callbacks=[early_stop])
```

val_loss를 대상으로 콜백을 정의하고, fit( ) 함수를 실행하여 학습을 진행합니다.

(2) 학습 결과 출력

```
34   # 학습 결과를 그래프로 출력합니다.
35   data_reader.draw_graph(history)
```

35번째 줄에서 history 변수에 저장된 학습 과정을 그래프로 출력합니다. 예제 폴더 내부에 새로운 이미지 파일이 2개 생성됩니다.

(1) 인공지능의 성능 확인하기

코드를 실행하면 콘솔에 아래와 같은 글자가 출력되며 학습이 진행됩니다.

```
************ TRAINING START *************
Epoch 1/50
  loss: 0.4193 - accuracy: 0.8728 - val_loss: 0.3389 - val_accuracy: 0.8818
Epoch 2/50
  loss: 0.3398 - accuracy: 0.8740 - val_loss: 0.3091 - val_accuracy: 0.8818
....
Epoch 25/50
  loss: 0.0028 - accuracy: 0.9995 - val_loss: 0.0531 - val_accuracy: 0.9864
```

콜백이 작동하여 25에포크에서 학습이 중단되었습니다. 인공지능의 최종 성능은 98.64%입니다. 분류 정확도가 상당히 뛰어난 것을 보니, 우리가 제작한 인공지능은 스팸 문자를 단박에 걸러낼 수 있을 것 같습니다.

(2) 학습 기록 확인하기

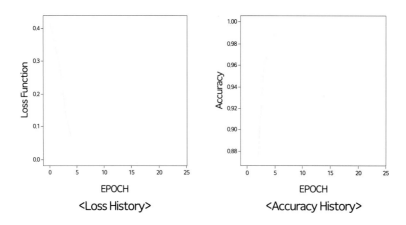

<Loss History>   <Accuracy History>

Loss History와 Accuracy History 모두 오버피팅의 양상이 보입니다. 10에포크 전후로 학습을 중단했어도 최종 성능과 유사한 성능을 보였을 것으로 생각됩니다. AI의 성능이 98%를 돌파하기까지는 대략 7에포크가 걸렸습니다.

이상으로 FNN을 활용한 자연어 처리 방법에 대해 알아보았습니다. 이제 성능 98%를 돌파하기까지 1에포크면 충분한 LSTM을 만나보겠습니다.

2 절 장기 기억과 단기 기억, LSTM

RNN의 정의

FNN은 정보가 한 방향으로만 전달됩니다. 그리고 매번 방금 학습한 데이터를 기준으로 가중치가 업데이트되기 때문에 최근에 입력한 정보만 기억하고, 오래전에 입력한 정보에 대해서는 기억하지 못합니다. 이런 문제를 해결하고자 제안된 모델이 RNN(Recurrent Neural Network)입니다. RNN은 한국어로 '순환 신경망'이라 번역됩니다.

FNN은 데이터를 입력받아 결괏값을 출력하고 작업을 종료합니다. 과거를 기억하지 못하는 기억상실증에 걸린 인공지능입니다.

반면 RNN은 결괏값만 출력하고 끝나는 것이 아니라, 가중치 정보를 다음 단계로 전달합니다. 현재의 학습 정보를 미래로 전달하는 것입니다. 덕분에 RNN은 매번 과거의 학습 기록을 참고하며 학습을 진행합니다. 과거의 기억을 현재 또는 미래 학습에 활용하는 셈입니다.

따라서 RNN은 순서가 중요한 데이터를 학습하는 능력이 뛰어납니다. 순서가 중요한 데이터로는 언어, 음악, 주가 등의 예시가 있습니다.

RNN의 한계

우리는 바로 어제 있었던 일은 쉽게 기억하지만, 오늘로부터 정확하게 240일 전에 어떤 일이 있었는지는 기억하기 힘듭니다. RNN도 비슷합니다. 아무리 과거의 가중치를 학습에 활용한다고 하더라도, 학습이 오래 진행되면 진행될수록 과거의 정보가 빠르게 희석되어 잊힐 수밖에 없습니다.

따라서 현재의 정보를 해석하기 위해 오래전에 학습한 정보를 활용할 필요가 있는 경우 RNN은 학습 성능이 크게 저하되는 문제가 있습니다. 이 문제를 해결하기 위한 수단으로 LSTM이 제안되었습니다.

LSTM의 구조

LSTM은 Long Short-Term Memory의 약자입니다. 이름부터 '장단기 기억'입니다. 인간의 뇌세포 구조를 흉내 낸 퍼셉트론이나, 인간의 시각 피질 정보 처리를 흉내 낸 CNN이 잘 작동하는 것을 살펴봤습니다. 그렇다면 기억과 관련된 AI를 만들 때도 인간의 뇌가 기억을 처리하는 방식을 흉내 내면 조금 더 성능이 좋아지지 않을까요? LSTM은 인간의 장기 기억과 단기 기억을 모방한 특수한 형태의 RNN입니다.

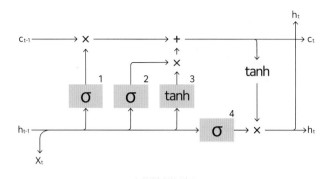

LSTM의 구조는 위와 같습니다. 회색 상자는 각각이 신경망에 해당하며, 색이 있는 둥근 상자는 수학적 연산에 해당합니다. 화살표는 정보의 흐름을 나타냅니다. 정보의 흐름을 이해하기 쉽게 각 신경망에 번호를 매겨 두었습니다. 1번부터 살펴보겠습니다.

LSTM 내부 맨 아래에 있는 x를 통하여 데이터가 입력됩니다. 입력된 정보는 1번 신경망으로 입력됩니다. 1번 신경망은 0부터 1 사이의 숫자를 출력합니다. 이 숫자는 망각을 관장하는 숫자입니다. 신경망이 출력한 값은 곱셈 연산을 통해 과거의 정보에 개입합니다.

1번 신경망이 출력한 값이 1일 경우 과거의 정보에 1을 곱한 것과 같으므로 정보가 모두 보존됩니다. 반면 1번 신경망이 출력한 값이 0일 경우 과거의 정보에 0을 곱하여 과거의 정보를 0으로 만들어버립니다.

1번 신경망은 0부터 1 사이의 값을 적절히 출력하도록 학습되어 LSTM의 망각을 담당합니다. 따라서 1번 신경망을 〈Forget Gate Layer〉라고 부릅니다.

입력된 정보는 2번과 3번 신경망으로 입력됩니다. 3번 신경망은 입력된 데이터를 정리해 '기억'에 삽입할 정보를 다듬는 역할을 수행하고, 2번 신경망은 이렇게 다듬어질 정보를 얼마나 많이 '기억'에 삽입할 것인지 결정합니다.

2번 신경망이 출력한 값이 0일 경우 '기억'에 아무 정보도 삽입하지 않습니다. 반면 2번 신경망이 출력한 값이 1일 경우 '기억'에 정보를 모두 삽입합니다. 2번 신경망과 3번 신경망이 함께 움직이며 LSTM의 '기억'이 정돈됩니다.

마지막으로 4번 레이어는 입력받은 정보를 학습하여 결과물을 출력합니다. 일반적인 FNN과 작동 원리가 비슷합니다. 4번 레이어가 출력한 결과물은 LSTM의 기억 속에 있는 정보와 합해집니다. LSTM의 기억에 해당하는 C 벡터에 tanh를 씌운 값을 4번 레이어의 출력값에 곱하는 방식으로 4번 레이어의 출력 정보에 기억 속의 정보를 얹는 것입니다.

결과적으로 LSTM은 기존 기억에서 일부를 지워버리고, 새로운 정보도 엄선하여 기억하기 때문에 일반적인 RNN에 비하여 과거의 정보를 영리하게 처리할 수 있습니다.

인간의 기억은 여러 종류로 구분됩니다. LSTM을 보다 깊게 이해하려면 그 중 단기 기억과 장기 기억에 대한 이해가 필요합니다.

단기 기억(short-term memory)은 짧게 유지되는 기억을 말합니다. 스마트폰 본인인증을 위해 문자메시지로 날아온 4자리 코드를 외우는 경우를 생각해 보겠습니다. 이때 활용하는 기억이 단기 기억입니다. 본인인증이 끝나고 몇 분만 지나면 우리는 그 코드를 잊어버립니다.

장기 기억(long-term memory)은 오래 유지되는 기억을 말합니다. 어린 시절의 추억이나 강렬한 인상을 남긴 사건은 오랜 시간이 지나도 잊히지 않습니다. 이런 기억들이 장기 기억에 해당합니다.

앞서 살펴본 RNN의 한계는 장기 기억에 해당하는 모델이 비어 있으므로 발생하는 문제입니다. 단순한 구조의 RNN은 단기 기억만 존재하는 인공지능과도 비슷합니다.

LSTM AI는 얼마나 성능이 뛰어날까?

1 프로젝트 소개

1절에서 FNN을 활용한 NLP(자연어 처리)를 살짝 맛보고 왔습니다. 그런데 NLP에 LSTM을 적용하면 성능이 엄청나게 좋아진다고 알려져 있습니다. 정말일까요? 놀랍게도 이번에 만들어 볼 AI는 단 1에포크만에 학습을 마무리할 수 있습니다. LSTM을 활용한 스팸 문자 분류기를 제작하여 그 성능을 체감해보겠습니다. 예제 코드와 데이터가 수록된 '4_11_3_LSTM AI는 얼마나 성능이 뛰어날까' 폴더로 이동하세요.

2 데이터 살펴보기

1절에서 활용한 데이터를 그대로 활용합니다.

3 어떤 인공지능을 만들 건가요?

층수	종류	크기	활성화 함수
1층	Embedding	8983, 128	–
2층	LSTM	32	–
3층	FNN	32	ReLu
–	Dropout	rate=0.1	
4층	FNN	1	sigmoid

임베딩 레이어 뒤에 LSTM이 추가되었습니다. LSTM의 크기는 32로 설정하였고 별다른 활성화 함수를 지정하지 않았습니다. 활성화 함수를 지정하지 않은 데에 별다른 이유가 있는 것은 아니고, 코드가 가로로 너무 길어져 책에 코드를 수록하기가 곤란해서 삭제하였습니다. 취향에 따라 렐루를 적용하셔도 좋습니다.

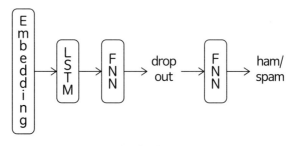

인공지능의 구조

✿ 딥러닝 모델 코딩

딥러닝 모델 코딩을 시작해 보겠습니다. 예제 폴더를 파이참 프로젝트로 불러옵니다. 로딩이 완료되면 main.py 파일을 열고 〈Python Console〉을 실행합니다.

(1) 학습을 위한 선행작업

```
5   from tensorflow import keras
6   import data_reader
7
8   # 몇 에포크만큼 학습시킬 것인지 결정합니다.
9   EPOCHS = 1   # 예제 기본값은 1입니다.
10
11  # 데이터를 읽어옵니다.
12  dr = data_reader.DataReader()
```

여느 때와 같이 학습을 위한 선행작업을 실시합니다. 예제의 기본 에포크를 1로 설정하였습니다.

(2) 인공신경망 코딩하기

```
14  # 인공신경망을 제작합니다.
15  model = keras.Sequential([
16      keras.layers.Embedding(8983, 128),
17      keras.layers.Bidirectional(keras.layers.LSTM(32)),
18      keras.layers.Dense(32, activation="relu"),
19      keras.layers.Dropout(0.1),
20      keras.layers.Dense(1, activation="sigmoid")
21  ])
```

Sequential( ) 함수를 활용해 무난하게 신경망을 생성합니다. 17번째 줄에서 LSTM을 호출하는 방법에 주목하세요. 케라스에서 RNN을 활용할 때는 keras.layers.Bidirectional( ) 함수를 호출한 뒤 그 안에 신경망의 종류를 입력하면 됩니다. 우리는 RNN 중 LSTM을 활용할 것이므로 괄호 안에 keras.layers.LSTM( )을 입력했습니다. LSTM의 크기는 32입니다.

(3) 인공신경망 컴파일하기

```
23   # 인공신경망을 컴파일합니다.
24   model.compile(optimizer="adam", metrics=["accuracy"],
25                 loss="binary_crossentropy")
```

바이너리 크로스 엔트로피를 로스 함수로 지정하며 인공신경망을 컴파일합니다.

인공지능 학습

(1) 인공신경망 학습

```
27   # 인공신경망을 학습시킵니다.
28       ("\n\n*********** TRAINING START ************")
29   history = model.fit(dr.train_X, dr.train_Y, epochs=EPOCHS,
30                   validation_data=(dr.test_X, dr.test_Y))
```

fit( ) 함수를 실행하여 학습을 진행합니다. 에포크가 1이므로 콜백이 의미가 없습니다. 콜백을 사용하지 않습니다.

(2) 학습 결과 출력

```
32   # 학습 결과를 그래프로 출력합니다.
33   data_reader.draw_graph(history)
```

33번째 줄에서 history 변수에 저장된 학습 과정을 그래프로 출력합니다. 예제 폴더 내부에 새로운 이미지 파일이 2개 생성됩니다.

인공지능 학습 결과 확인하기

코드를 실행하면 콘솔에 아래와 같은 글자가 출력되며 학습이 진행됩니다.

```
*********** TRAINING START ************
loss: 0.2254 - accuracy: 0.9218 - val_loss: 0.0828 - val_accuracy: 0.9816
```

에포크를 1로 설정하고 학습을 실행하면 바로 결과만 출력됩니다. 1에포크만 학습하였기 때문에 다른 예제와 달리 학습 결과 그래프가 없습니다.

인공지능의 최종 성능은 98.16%입니다. 단 1에포크만에 엄청나게 높은 정확도에 도달했습니다. 이 책에서 다루는 인공지능 중에서 가장 짧은 학습을 통해 실전에 활용 가능한 성능을 뽑아낼 수 있는 모델입니다. LSTM, 정말로 강력합니다.

LSTM은 시계열 데이터를 학습하는 능력이 뛰어납니다. 그런데 영상 처리 분야에도 시계열 데이터가 있습니다. 영화나 유튜브 영상 같은 동영상이 바로 시계열 영상 데이터에 해당하지요.

영상 정보 처리에는 CNN을 활용하면 좋은데 일반적인 LSTM은 FNN과 유사한 구조로 작동합니다. 이에 'Convolutional LSTM'이라는 구조를 제안한 학자도 있습니다. 이 논문의 저자들은 Convolutional LSTM을 활용해 현재의 강수량을 예측하는 인공지능을 제작했습니다. 그 외에도 동작 인식, 변칙 탐지, 제스처 인식 등의 문제를 해결하는 데에 Convolutional LSTM이 활발하게 적용되고 있습니다.

인간의 시각 처리 방식도 모사하고, 동시에 인간의 기억 처리 방식도 모사한 인공지능. 어쩌면 Convolutional LSTM을 활용하면 영화에서나 볼 수 있던 엄청난 인공지능을 만들 수 있을지도 모릅니다.

• LSTM의 사이즈를 조절해 보세요.
• LSTM에 활성화 함수를 지정해 보세요.

12장

LSTM 활용하기

FNN과 CNN이 우리 삶에서 어떻게 활용되고 있는지 살펴봤습니다. LSTM만 빼놓을 수는 없겠죠! LSTM은 미래 예측에 많이 활용되는데요, 만약 AI가 주식 가격을 예측해 줄 수 있다면 쉽게 부자가 될 수 있지 않을까요?
이번 장에서는 LSTM을 활용한 기상과 금융 기술을 공부해보겠습니다.

[기상 AI] LSTM을 활용한 일기예보

프로젝트 소개

회귀와 외삽을 배웠으니 미래 예측을 시도해보지 않을 수 없습니다. 시계열 데이터의 학습 능력이 뛰어난 LSTM까지 동원하여 한번 미래 예측에 도전해보겠습니다.

이번 절에서는 기후 데이터를 학습하여 미래의 날씨를 예측하는 인공지능을 공부합니다. 예제 코드와 데이터가 수록된 '4_12_1_[기상 AI] LSTM을 활용한 일기예보' 폴더로 이동하세요.

데이터의 탐색적 분석

(1) 데이터의 구조

'data' 폴더를 열어보면 데이터가 기록된 파일을 확인할 수 있습니다.

	A	B	C	D	E	F	G	H	I	J	K	L	M	N	O
1	Date Time	p (mbar)	T (degC)	Tpot (K)	Tdew (degC)	rh (%)	VPmax	VPact	VPdef	sh (g/kg)	H2OC	rho (g/m**3)	wv (m/s)	max. wv (m	wd (deg)
2	01.01.2009 00:10:00	996.52	-8.02	265.4	-8.9	93.3	3.33	3.11	0.22	1.94	3.12	1307.75	1.03	1.75	152.3
3	01.01.2009 00:20:00	996.57	-8.41	265.01	-9.28	93.4	3.23	3.02	0.21	1.89	3.03	1309.8	0.72	1.5	136.1
4	01.01.2009 00:30:00	996.53	-8.51	264.91	-9.31	93.9	3.21	3.01	0.2	1.88	3.02	1310.24	0.19	0.63	171.6
5	01.01.2009 00:40:00	996.51	-8.31	265.12	-9.07	94.2	3.26	3.07	0.19	1.92	3.08	1309.19	0.34	0.5	198
6	01.01.2009 00:50:00	996.51	-8.27	265.15	-9.04	94.1	3.27	3.08	0.19	1.92	3.09	1309	0.32	0.63	214.3
7	01.01.2009 01:00:00	996.5	-8.05	265.38	-8.78	94.4	3.33	3.14	0.19	1.96	3.15	1307.86	0.21	0.63	192.7
8	01.01.2009 01:10:00	996.5	-7.62	265.81	-8.3	94.8	3.44	3.26	0.18	2.04	3.27	1305.68	0.18	0.63	166.5
9	01.01.2009 01:20:00	996.5	-7.62	265.81	-8.36	94.4	3.44	3.25	0.19	2.03	3.26	1305.69	0.19	0.5	118.6
10	01.01.2009 01:30:00	996.5	-7.91	265.52	-8.73	93.8	3.36	3.15	0.21	1.97	3.16	1307.17	0.28	0.75	188.5
11	01.01.2009 01:40:00	996.53	-8.43	264.99	-9.34	93.1	3.23	3	0.22	1.88	3.02	1309.85	0.59	0.88	185
12	01.01.2009 01:50:00	996.62	-8.76	264.66	-9.66	93.1	3.14	2.93	0.22	1.83	2.94	1311.64	0.45	0.88	183.2
13	01.01.2009 02:00:00	996.62	-8.88	264.54	-9.77	93.2	3.12	2.9	0.21	1.81	2.91	1312.25	0.25	0.63	190.3
14	01.01.2009 02:10:00	996.63	-8.85	264.57	-9.7	93.5	3.12	2.92	0.2	1.82	2.93	1312.11	0.16	0.5	158.3
15	01.01.2009 02:20:00	996.74	-8.83	264.58	-9.68	93.5	3.13	2.92	0.2	1.83	2.93	1312.15	0.36	0.63	184.8
16	01.01.2009 02:30:00	996.81	-8.66	264.74	-9.46	93.9	3.17	2.98	0.19	1.86	2.99	1311.37	0.33	0.75	155.9
17	01.01.2009 02:40:00	996.81	-8.66	264.74	-9.5	93.6	3.17	2.97	0.2	1.85	2.98	1311.38	0.07	0.5	272.4

학습에 사용할 데이터는 2009년 1월 1일 0시 10분부터 10분 간격으로 수집된 날씨 데이터입니다. 총 420,532개의 데이터가 준비되어 있으며, 2016년 12월 31일 자정까지의 데이터가 수록되어 있습니다. 각각의 데이터는 총 14개의 피쳐로 구성되어 있습니다.

데이터를 0부터 1 사이 숫자로 노멀라이즈하여 사용할 텐데, 이번에는 약간 다른 방식을 택했습니다. 음수 값도 포함되어 있기 때문입니다. 각각의 피쳐에서 최솟값을 빼주고, 그 다음 최댓값으로 나누어 주었습니다. 이 과정에서 노멀라이즈된 피쳐의 최솟값은 0, 최댓값은 1로 골고루 펼쳐지게 됩니다.

(2) 윈도잉(windowing)

시계열 데이터를 학습해 미래를 예측할 때에는 일반적으로 윈도잉이라는 기법을 사용합니다. 이번 예제에서는 과거 12개의 데이터를 학습하여 미래 12개의 데이터를 예측하는 회귀모델을 활용합니다. 이 학습에 활용할 수 있도록 데이터를 가공할 것입니다.

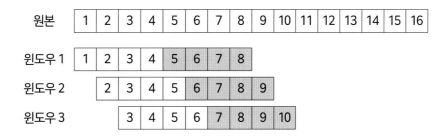

앞의 그림이 윈도잉의 철학입니다. 윈도잉을 통해 하나의 데이터를 '과거와 미래' 정보가 표시된 작은 조각으로 나누어 줍니다. 우선 시간의 순서에 따라 나열된 커다란 원본 데이터를 8칸씩 잘라내고, 그 데이터를 또다시 반으로 나눕니다.

앞 그림의 윈도우 1을 살펴보면 1부터 8까지의 데이터를 떼어내 반으로 나눈 것을 확인할 수 있습니다. 컬러로 표시된 영역은 상대적으로 과거의 데이터이며 회색으로 표시된 영역은 컬러 영역보다 상대적으로 미래의 데이터입니다. AI를 학습할 때에는 컬러 데이터를 입력하고, AI가 회색 영역의 데이터를 예측하도록 회귀모델을 만들어 활용할 것입니다.

윈도우 1의 제작이 완료되면 한 칸 오른쪽으로 이동하여 윈도우 2를 만들고, 윈도우 2에서 한 칸 오른쪽으로 또 이동하여 윈도우 3을 만듭니다. 이런 식으로 이동하며 윈도우를 모아 정리하면 트레이닝 데이터가 완성됩니다.

이번 예제에서는 윈도우 크기를 12로 세팅하겠습니다. 과거 데이터 12개와 미래 데이터 12개 총 24개씩을 잘라 윈도우를 제작합니다. 데이터의 80%는 트레이닝 데이터로, 20%는 테스트 데이터로 분할합니다.

어떤 인공지능을 만들 건가요?

(1) 미래 예측 AI의 학습 철학

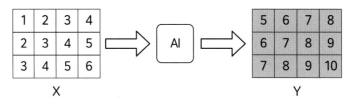

여러 개의 데이터 윈도우를 동시에 사용합니다.

미래를 예측하는 인공지능의 학습 철학은 위 그림과 같습니다. 윈도잉된 데이터의 '과거' 정보에 해당하는 녹색 데이터를 입력받아 '미래' 정보에 해당하는 주황색 데이터를 잘 예측하도록 회귀학습을 수행하는 것입니다. AI는 결과적으로 과거 정보를 통하여 미래를 예측할 수 있도록 학습됩니다.

(2) 신경망의 구조

층수	종류	크기	활성화 함수
1층	LSTM	64, return_sequences=True	–
2층	FNN	32	–
3층	FNN	14	–

LSTM 한 층, FNN 2층으로 구성된 간단한 신경망입니다. 입력되는 데이터는 총 12개인데 출력층의 크기는 14입니다. 피쳐의 개수가 14이기 때문입니다. 여러 개의 값을 회귀할 때에는 데이터 사이즈보다는 피쳐의 개수를 따라가는 것이 중요합니다.

LSTM을 정의할 때 return_sequences=True라고 설정되어 있습니다. 이 값을 True로 지정하면 LSTM이 입력받은 데이터의 시퀀스를 그대로 유지하여, 데이터의 윈도우 크기에 따른 차원 정보가 그대로 유지됩니다. 윈도잉 기법을 사용하는 등 동시에 여러 시계열 정보를 순서대로 출력할 때 주로 return_sequences=True 옵션을 사용합니다.

이번 예제에서는 활성화 함수를 전혀 사용하지 않았는데, 별다른 이유는 없습니다.

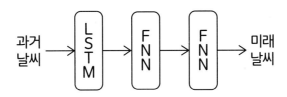

딥러닝 모델 코딩을 시작해 보겠습니다. 예제 폴더를 파이참 프로젝트로 불러옵니다. 로딩이 완료되면 main.py 파일을 열고 〈Python Console〉을 실행합니다.

(1) 학습을 위한 선행작업

```
5           tensorflow            keras
6        data_reader
7
8   # 몇 에포크만큼 학습시킬 것인지 결정합니다.
9   EPOCHS = 50    # 예제 기본값은 50입니다.
10
11  # 데이터를 읽어옵니다.
12  dr = data_reader.DataReader(12)
```

여느 때와 같이 학습을 위한 선행작업을 실시합니다. 12번째 줄에서 DataReader( ) 함수에 숫자를 입력하고 있습니다. 이 숫자가 바로 윈도우의 크기입니다. 윈도우 크기를 12로 세팅할 경우 과거의 데이터 12개를 학습하여 미래의 데이터 12개를 예측하기에 적합한 크기로 윈도잉이 실시됩니다.

(2) 인공신경망 코딩하기

```
14  # 인공신경망을 제작합니다.
15  model = keras.Sequential([
16      keras.layers.Bidirectional(keras.layers.LSTM(64, return_sequences=True)),
17      keras.layers.Dense(32),
18      keras.layers.Dense(14)
19  ])
```

Sequential( ) 함수를 활용해 무난하게 신경망을 생성합니다. 16번째 줄에서 LSTM을 호출하면서 return_sequences 옵션을 True로 세팅하고 있습니다. LSTM의 크기는 64입니다.

(3) 인공신경망 컴파일하기

```
21  # 인공신경망을 컴파일합니다.
22  model.compile(optimizer="adam", metrics=["accuracy"], loss="mse")
```

회귀 문제이므로 무난하게 mse 로스를 활용하겠습니다.

5 인공지능 학습

(1) 인공신경망 학습

```
24  # 인공신경망을 학습시킵니다.
25  print("\n\n************ TRAINING START ************")
26  early_stop = keras.callbacks.EarlyStopping(monitor="val_loss", patience=10)
27  history = model.fit(dr.train_X, dr.train_Y, epochs=EPOCHS,
28                      validation_data=(dr.test_X, dr.test_Y),
29                      callbacks=[early_stop])
```

val_loss를 대상으로 콜백을 정의하고, fit( ) 함수를 실행하여 학습을 진행합니다.

(2) 학습 결과 출력

```
31  # 학습 결과를 그래프로 출력합니다.
32  data_reader.draw_graph(model(dr.test_X[:200]), dr.test_Y[:200], history)
```

학습 결과와 함께 hisory 변수에 저장된 학습 과정을 그래프로 출력합니다. 예제 폴더 내부에 새로운 이미지 파일이 2개 생성됩니다. model(dr.test_X) 명령은 인공지능에 test_X를 입력하여 출력 결과를 뽑아내도록 합니다. AI의 추론값과 dr.test_Y를 비교하여 회귀학습의 결과를 한눈에 볼 수 있는 그래프를 그립니다. 다른 예제와 달리 이번 예제의 테스트 데이터는 총 84,083개라는 어마어마한 규모입니다. 데이터 하나당 피쳐 14개를 예측하므로 모든 테스트 데이터를 대상으로 그래프를 그릴 경우 좁은 공간에 1,177,162개나 되는 점을 표기해야 합니다. 학습 결과가 한눈에 들어오지 않겠지요. 그래서 트레이닝 데이터 전체가 아니라 200개만 취하여 성능을 검증해보겠습니다.

6 인공지능 학습 결과 확인하기

(1) 인공지능의 성능 확인하기

코드를 실행하면 콘솔에 아래와 같은 글자가 출력되며 학습이 진행됩니다.

```
*********** TRAINING START ************
Epoch 1/50
  loss: 0.0043 - mae: 0.0334 - val_loss: 0.0039 - val_mae: 0.0301
Epoch 2/50
  loss: 0.0038 - mae: 0.0293 - val_loss: 0.0039 - val_mae: 0.0319
....
Epoch 30/50
  loss: 0.0034 - mae: 0.0256 - val_loss: 0.0036 - val_mae: 0.0263
```

콜백이 작동하여 30에포크에서 학습이 중단되었습니다. 인공지능의 최종 성능은 MAE 2.63%로, AI가 대체로 97% 이상의 정확도로 미래의 날씨를 예측할 수 있다는 뜻입니다.

(2) 학습 기록 확인하기

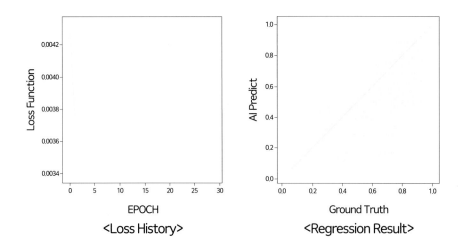

<Loss History>   <Regression Result>

트레이닝 로스는 꾸준히 떨어지고 있지만, 테스트 로스는 감소세가 그렇게 크지는 않습니다. 둘 사이 간격이 큰 것을 보니 오버피팅의 가능성도 커 보입니다.

전반적으로 옅은 점이 짙은 선을 따라 일직선으로 분포하는 것을 보니 회귀 학습 자체는 잘 된 것 같습니다만, AI가 예측한 많은 값이 실제보다 낮은 수치인 것으로 보입니다. MAE만 놓고 보면 학습이 굉장히 잘 된 것 같지만 그래프로 확인해 보니 다른 회귀 예제보다 썩 만족스럽지는 못한 것 같습니다.

압축이 가능한 유체의 움직임은 나비에 스토크스(Navier–Stokes) 방정식[10]으로 기술됩니다. 나비에 스토크스 방정식이 3차원 공간에서 해가 존재하는지, 존재한다면 어떻게 찾을 수 있는지 등이 아직 밝혀지지 않은 미스터리입니다. 이 문제는 수학계의 7대 난제인 밀레니엄 문제 중 하나이며 이 문제를 해결한 사람에게는 100만 달러가 수여됩니다.

이 방정식을 푸는 방법이 없으니 슈퍼컴퓨터를 이용해 이런저런 값을 임의로 집어넣어 근삿값을 구하는 것이 유일한 해결 방법입니다. 움직이는 압축성 공기를 예측할 방법이 없다는 의미이기도 합니다. 그래서 일기예보의 정확도에 한계가 있을 수밖에 없습니다.

이번 예제의 딥러닝 알고리즘은 외삽을 통해 과거 패턴을 분석해 미래의 날씨 패턴을 예측한 것일 뿐, 실제 일기예보는 이렇게 단순한 방법으로 시행되지 않습니다. 패턴 자체가 복잡하고, 패턴을 예측하는 방법 자체가 발명되어 있지 않은 어려운 문제입니다. 이런 문제의 해결을 위해 과거의 데이터로 미래를 예측하는 모델을 만드는 것은 항상 불완전할 수밖에 없습니다. 정확히 예측 가능한 미래가 있고 예측이 불가능한 미래가 있습니다. 후자의 문제를 너무 정확하게 해결하려고 고생하는 것은 의미가 없는 일일 수도 있습니다. AI로 현실의 문제를 해결할 때는 인공지능 지식보다는 해결하고자 하는 문제 그 자체에 대한 지식과 깊은 통찰이 훨씬 더 중요합니다.

층수를 늘리면 인공지능의 성능이 더욱 향상될까요? 확인해봅시다.

---

10 점성을 가진 유체를 역학적으로 해석하기 위한 비선형 편미분방정식입니다. 대기의 움직임을 정확하게 예측하여 날씨를 예보하려면 한반도 인근 지역 대기 상황을 나비에 스토크스 방정식으로 분석해야 합니다. 하지만 인류는 아직 나비에 스토크스 방정식의 정확한 해를 구하는 방법은 커녕 해가 존재하기는 하는지도 밝혀내지 못했습니다.

[금융 AI] LSTM을 활용한 주가예측

🔲 **프로젝트 소개**

우리는 1절에서 윈도잉 기법과 LSTM을 활용해 미래의 값을 회귀하는 예제를 공부해봤습니다. 미래를 예측하는 기술이 있다면 어디에 가장 먼저 활용하는 것이 좋을까요? 재난 예측이나 질병 예방도 좋지만 많은 사람이 주가예측에 AI를 적용하고 싶을 것입니다. 이번 절에서는 미래의 주가를 예측하는 인공지능을 만들어보겠습니다.

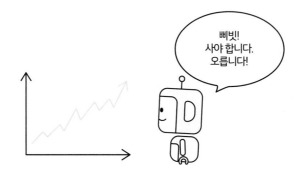

이 책에서 다루는 주가예측 AI는 학습을 위한 것으로, 실제 주식투자에 활용해서 발생하는 손실에 대해서는 모든 책임을 지지 않습니다. 예제 코드와 데이터가 수록된 '4_12_2_[금융 AI] LSTM을 활용한 주가예측' 폴더로 이동하세요.

🔲 **데이터 살펴보기**

'data' 폴더 내부를 살펴보면 애플의 주가가 기록된 파일을 확인할 수 있습니다. 이 파일에는 2010년 1월 4일부터 2020년 8월 10일까지 나스닥에서 거래된 애플의 주가가 기록되어 있습니다.

	A	B	C	D	E	F	G
1	Date	Open	High	Low	Close	Adj Close	Volume
2	2010-01-04	30.49	30.642857	30.34	30.572857	26.419203	123432400
3	2010-01-05	30.657143	30.798571	30.464285	30.625713	26.464878	150476200
4	2010-01-06	30.625713	30.747143	30.107143	30.138571	26.043921	138040000
5	2010-01-07	30.25	30.285715	29.864286	30.082857	25.995777	119282800
6	2010-01-08	30.042856	30.285715	29.865715	30.282858	26.168606	111902700
7	2010-01-11	30.4	30.428572	29.778572	30.015715	25.937763	115557400
8	2010-01-12	29.884285	29.967142	29.488571	29.674286	25.642714	148614900
9	2010-01-13	29.695715	30.132856	29.157143	30.092857	26.004419	151473000
10	2010-01-14	30.015715	30.065714	29.860001	29.918571	25.853821	108223500

파일에는 날짜와 함께 〈Open〉, 〈High〉, 〈Low〉, 〈Close〉, 〈Adj Close〉, 〈Volume〉 총 6개의 피쳐가 기록되어 있습니다. 모든 데이터는 0부터 1 사이로 노멀라이즈하여 사용하겠습니다. 데이터의 95%는 트레이닝 데이터로, 5%는 테스트 데이터로 활용합니다.

윈도우의 크기는 14로 세팅했습니다. 과거 14일간의 거래 정보를 학습하여 미래 14일간의 가격을 예측하는 방식입니다. 단, 미래의 '거래량'을 예측하는 것은 큰 의미가 없을 것 같아 미래 데이터는 〈Open〉, 〈High〉, 〈Low〉, 〈Close〉, 〈Adj Close〉 5개의 값만 활용하도록 하겠습니다.

결과적으로 총 6개의 피쳐를 입력받아 5개의 피쳐의 미래값을 예측하는 문제입니다.

어떤 인공지능을 만들 건가요?

층수	종류	크기	활성화 함수
1층	LSTM	128, return_sequences=True	–
2층	FNN	64	ReLu
3층	FNN	5	–

앞서 미래의 날씨를 예측하기 위해 사용했던 AI와 구조적으로 큰 차이는 없습니다. 1층의 LSTM 사이즈가 128로 증가했고, 2층의 크기가 64로 증가한 것이 가장 큰 차이점입니다. 2층의 FNN에 렐루를 적용한 점 또한 달라졌습니다.

딥러닝 모델 코딩

딥러닝 모델 코딩을 시작해 보겠습니다. 예제 폴더를 파이참 프로젝트로 불러옵니다. 로딩이 완료되면 main.py 파일을 열고 〈Python Console〉을 실행합니다.

(1) 학습을 위한 선행작업

```
 5      tensorflow        keras
 6      data_reader
 7
 8   # 몇 에포크만큼 학습시킬 것인지 결정합니다.
 9   EPOCHS = 100    # 예제 기본값은 100입니다.
10
11   # 데이터를 읽어옵니다.
12   dr = data_reader.DataReader(14)
```

여느 때와 같이 학습을 위한 선행작업을 실시합니다. 12번째 줄에서 윈도우 크기를 14로 세팅합니다.

(2) 인공신경망 코딩하기

```
14   # 인공신경망을 제작합니다.
15   model = keras.Sequential([
16       keras.layers.Bidirectional(keras.layers.LSTM(128, return_sequences=True)),
17       keras.layers.Dense(64, activation="relu"),
18       keras.layers.Dense(5)
19   ])
```

Sequential( ) 함수를 활용해 무난하게 신경망을 생성합니다. 16번째 줄에서 LSTM을 호출하면서 return_sequences 옵션을 True로 세팅하고 있습니다.

(3) 인공신경망 컴파일하기

```
21   # 인공신경망을 컴파일합니다.
22   model.compile(optimizer="adam", metrics=["accuracy"], loss="mse")
```

회귀 문제이므로 무난하게 mse 로스를 활용하겠습니다.

(1) 인공신경망 학습

```
24    # 인공신경망을 학습시킵니다.
25        ("\n\n*********** TRAINING START ************")
26    early_stop = keras.callbacks.EarlyStopping(monitor="val_loss", patience=20)
27    history = model.fit(dr.train_X, dr.train_Y, epochs=EPOCHS,
28                        validation_data=(dr.test_X, dr.test_Y),
29                        callbacks=[early_stop])
```

val_loss를 대상으로 콜백을 정의하고, fit( ) 함수를 실행하여 학습을 진행합니다.

(2) 학습 결과 출력

```
31    # 학습 결과를 그래프로 출력합니다.
32    data_reader.draw_graph(model(dr.test_X), dr.test_Y, history)
```

학습 결과와 함께 history 변수에 저장된 학습 과정을 그래프로 출력합니다. 예제 폴더 내부에 로스의 변화를 담은 그래프와 회귀 결과 그래프가 저장됩니다.

(1) 인공지능의 성능 확인하기

코드를 실행하면 콘솔에 아래와 같은 글자가 출력되며 학습이 진행됩니다.

```
*********** TRAINING START ************
Epoch 1/100
  loss: 0.0309 - mse: 0.0039 - val_loss: 0.0653 - val_mse: 0.0055
Epoch 2/100
  loss: 0.0120 - mse: 3.0592e-04 - val_loss: 0.0555 - val_mse: 0.0047
....
Epoch 89/100
  loss: 0.0094 - mse: 1.9229e-04 - val_loss: 0.0424 - val_mse: 0.0031
```

콜백이 작동하여 89에포크에서 학습이 중단되었습니다. 인공지능의 최종 성능은 MAE 0.31%로, AI가 99.7%가량의 정확도로 주가를 예측할 수 있다는 의미입니다.

(2) 학습 기록 확인하기

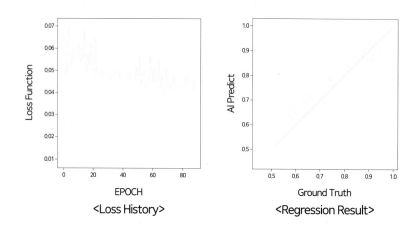

<Loss History> <Regression Result>

처음부터 트레이닝 로스와 테스트 로스가 엄청나게 차이가 큽니다. 학습이 잘 안 된 것 같습니다만, 그 와중에 테스트 로스가 꾸준히 떨어지고 있습니다. 학습되는 것 같기도 하고 안 되는 것 같기도 합니다.
회귀 결과를 보니 학습이 생각보다 잘 된 것 같습니다. 점들이 직선을 따라 고르게 분포하고 있으며, 오차 또한 크게 두드러지지 않습니다. AI가 주식의 등락 자체는 굉장히 잘 예측하는 것 같습니다. 등락의 폭을 조금 더 정확하게 예측할 수 있다면 로스 함수가 조금 더 낮게 나왔을 것 같습니다.

다각화보기

서문 통한 주가예측

AI를 활용한 주가예측 또한 항상 완전하지는 않습니다. 기업의 성장 가능성이나 차트에 보이지 않는 위협, 외부적 요인, 증자로 인한 권리락 등이 반영되지 않기 때문입니다.
또한 AI 자체가 편향될 수도 있습니다. 예를 들어 우상향 데이터만 학습한 AI는 하락할 주식의 미래도 우상향으로 잘못 오인할 수 있습니다. 외삽의 한계입니다.
애플은 매번 우상향이고, 급락하더라도 순식간에 가격이 회복되는 초우량주이기 때문에 AI가 학습을 잘한 것 같습니다. 등락이 심한 국내 주식시장에서는 제 성능이 유지되지 않을 것으로 생각됩니다.
단타에 가까운 투자를 할수록 변동성이 커져서 예측이 곤란할 수 있습니다. AI를 활용한 주가예측에는 항상 실패 가능성이 있으니 신중하게 사용해야 합니다.

프로젝트 응용하기

AI가 등락의 폭을 비교적 정확하게 예측하지 못한 점이 아쉽습니다. 딥러닝 모델을 수정하여 AI의 정확도를 높여보세요.

AI에 대해 더 알고 싶다면

이 책을 공부하고 딥러닝 공부를 더 해 보고 싶은 분들을 위한 간략한 지침입니다.

코딩

딥러닝도 결국 코딩의 연장선입니다. 코딩 실력 자체가 부족하면 여러분만의 인공지능을 제작하는 데 어려움을 겪게 됩니다. 우선 파이썬 실력을 향상하세요.

사실 딥러닝에서는 데이터를 처리하는 과정이 신경망을 설계하는 과정보다 훨씬 어렵고 오래 걸립니다. 이 책의 예제에서 제공하는 'data_reader.py' 파일을 자유자재로 이해할 수 있을 때까지 코딩 공부를 하기 바랍니다.

수학적 배경

딥러닝은 선형대수와 벡터 미적분학을 통해 통계적 모델을 구현하기 위한 도구입니다. 결국 통계적 가설을 검증하기 위한 도구에 지나지 않습니다. 따라서 통계학을 공부하셔야 합니다. 대학교 2학년 수준의 〈확률과 통계〉 지식을 확보하는 것을 권장합니다. 선형대수와 벡터 미적분학도 공부하는 것을 강력하게 권장합니다.

논문 공부

딥러닝 실력을 가장 빠르게 향상하는 방법은 논문을 읽고 직접 구현해 보는 것입니다. 한 달이 걸리더라도 좋으니 한 편의 논문을 끝까지 읽어보기 바랍니다.

본격적인 인공지능 프로젝트를 진행하게 되면 하루에도 여러 편의 논문을 빠르게 읽어야 진도를 나갈 수 있습니다. 기초체력을 튼튼하게 길러 두기를 권장합니다.

참 고 문 헌 및 자 료 출 처

* 이 책에서 사용한 데이터의 출처와 라이선스, 인용한 기술 목록입니다.
* MIT 라이선스 전문은 예제 소스코드 내부에 포함되어 있습니다.

4장 1절
– MNIST 데이터셋
The MIT License (MIT). Copyright (c) 2015 Juan Cazala.

4장 2절, 4절
– CIFAR10 데이터셋
The dataset is CIFAR-10 Dataset collected by Alex Krizhevsky, Vinod Nair, and Geoffrey Hinton. https://www.cs.toronto.edu/~kriz/cifar.html

4장 5절
– Horses or Humans 데이터셋
Introducing Horses or Humans – a Dataset for learning Computer Vision
It has Creative Commons CC BY 2.0 Licence. Free use with declaration of the producer.
http://www.laurencemoroney.com/horses-or-humans-dataset/
Laurence Moroney (lmoroney@gmail.com / laurencemoroney.com)

4장 6절
– Rock Paper Scissors 데이터셋
Introducing Rock Paper Scissors – A multi class learning dataset
It has Creative Commons CC BY 2.0 Licence. Free use with declareation of the producer.
http://www.laurencemoroney.com/rock-paper-scissors-dataset/
Laurence Moroney (lmoroney@gmail.com / laurencemoroney.com)

5장 1절
– 학생건강검사 데이터

이용허락범위	이용허락범위 제한 없음
파일데이터명	학생건강검사 결과분석 rawdata_서울_2015
분류체계	교육 – 교육일반
제공기관	교육부
관리부서명	학생건강정책과
관리부서 전화번호	044-203-6548
업데이트 주기	연간
차기 등록 예정일	2021-01-14
매체유형	텍스트
전체 행	9686
확장자	CSV
키워드	학교건강, 건강검사, 표본조사
등록	2020-01-14
수정	2020-01-15
제공형태	공공데이터포털에서 다운로드 (원문파일 등록)
설명	2015년도 학생건강검사 결과(표본) 서울지역 학생 키, 몸무게, 혈당, 고지혈증, B형간염, 혈색소에 대한 raw data
비용부과유무	무료

5장 2절
- Iris Dataset
R. A. Fisher (1936). "The use of multiple measurements in taxonomic problems". Annals of Eugenics. 7 (2): 179－188. doi:10.1111/j.1469-1809.1936.tb02137.

dgar Anderson (1936). "The species problem in Iris". Annals of the Missouri Botanical Garden. 23 (3): 457－509. doi:10.2307/2394164. JSTOR 2394164

6장 2절
- 육군 신체측정 데이터

이용허락범위	이용허락범위 제한 없음
파일데이터명	육군 신체측정 데이터(수시 업데이터)
분류체계	국방 - 병무행정
제공기관	국방부
관리부서명	정보체계통합과
관리부서 전화번호	02-748-5946
업데이트 주기	수시
차기 등록 예정일	2020-09-17
매체유형	텍스트
전체 행	95231
확장자	csv
키워드	신병신체치수, 신체치수측정, 신체치수측정정보
등록	2014-11-20
수정	2019-09-17
제공형태	기관자체에서 다운로드 (제공데이터 URL 기재)
URL	http://opendata.mnd.go.kr/openinf/sheetview2.jsp?infld=OA-9425
설명	육군 신병 신체치수 측정정보 (키, 몸무게, 허리둘레, 머리둘레 등)
비용부과유무	무료

7장 1절
- GDC 암 환자 유전자 데이터
Grossman, Robert L., Heath, Allison P., Ferretti, Vincent, Varmus, Harold E., Lowy, Douglas R., Kibbe, Warren A., Staudt, Louis M. (2016) Toward a Shared Vision for Cancer Genomic Data. New England Journal of Medicine375:12, 1109-1112

Projects: TGCA_BRCA, TCGA_COAD, TCGA_LUAD, TCGA_THCA

7장 2절
- 육군 신체측정 데이터(6장 2절의 '육군 신체측정 데이터'와 동일)

9장 1절
- Neural Style Transfer 모델
The code uses Google MobileNet model with Tensorflow Hub, with Apache 2.0 Licence.
- Neural Style Transfer 논문
Gatys, Leon A., Alexander S. Ecker, and Matthias Bethge. "A neural algorithm of artistic style." arXiv preprint arXiv:1508.06576 (2015).

9장 2절
- CIFAR10 데이터셋
The dataset is CIFAR-10 Dataset collected by Alex Krizhevsky, Vinod Nair, and Geoffrey Hinton. https://www.cs.toronto.edu/~kriz/cifar.html

- MNIST 데이터셋
The MIT License (MIT). Copyright (c) 2015 Juan Cazala.

– Fashion MNIST 데이터셋
The MIT License (MIT) Copyright ©2017 Zalando SE, https://tech.zalando.com

– DCGAN 코드
예제에 사용된 코드는 아파치 2.0 라이선스로 작성된 Tensorflow.org의 예제 코드를 참조하여 제작되었습니다.

– GAN 논문
Goodfellow, Ian, et al. "Generative adversarial nets." Advances in neural information processing systems. 2014.

– DCGAN 논문
Radford, Alec, Luke Metz, and Soumith Chintala. "Unsupervised representation learning with deep convolutional generative adversarial networks." arXiv preprint arXiv:1511.06434 (2015).

9장 3절
– Tensorflow Lite Object Detection Example App
The mobile App is from Tensorflow Lite Example Models in Apache 2.0 Licence.

– You Only Look Once 논문
Redmon, Joseph, et al. "You only look once: Unified, real-time object detection." Proceedings of the IEEE conference on computer vision and pattern recognition. 2016.

9장 4절
– Oxford-IIIT PET 데이터셋
The dataset is distributed as Creative Commons Attribution-ShareAlike 4.0 International Licence.
O. M. Parkhi, A. Vedaldi, A. Zisserman, C. V. Jawahar, IEEE Conference on Computer Vision and Pattern Recognition, 2012
(https://www.robots.ox.ac.uk/~vgg/data/pets/)

– U-net 그래프 코드
예제에 사용된 U-net 그래프 코드는 아파치 2.0 라이선스로 작성된 Kjetil Åmdal-Sævik 님의 코드를 일부 참조하여 제작되었습니다.
https://www.kaggle.com/keegil/keras-u-net-starter-lb-0-277

– U-net 논문
Ronneberger, Olaf, Philipp Fischer, and Thomas Brox. "U-net: Convolutional networks for biomedical image segmentation." International Conference on Medical image computing and computer-assisted intervention. Springer, Cham, 2015.

10장 1절, 2절
– Collection of Textures in Colorectal Cancer Histology 데이터셋
Kather JN, Weis CA, Bianconi F, Melchers SM, Schad LR, Gaiser T, Marx A, Zollner F: Multi-class texture analysis in colorectal cancer histology (2016), Scientific Reports
https://zenodo.org/record/53169#.XyOcApDCbKD (Free Usage with Citation)

10장 3절
The dataset was provided by Simpson et al. with CC BY-SA 4.0 License.
http://medicaldecathlon.com/
Simpson, Amber L., et al. "A large annotated medical image dataset for the development and evaluation of segmentation algorithms." arXiv preprint arXiv:1902.09063 (2019).

Some contents of the sample codes are modified version of example codes from https://www.kaggle.com/keegil/keras-u-net-starter-lb-0-277 in Apache 2.0 Licence.

11장 1절, 3절
- Spam Text Message Classification 데이터셋(CC 0 : 저작권 없음)

Almeida, T.A., Gómez Hidalgo, J.M., Yamakami, A. Contributions to the study of SMS Spam Filtering: New Collection and Results. Proceedings of the 2011 ACM Symposium on Document Engineering (ACM DOCENG'11), Mountain View, CA, USA, 2011

http://www.dt.fee.unicamp.br/~tiago/smsspamcollection/

12장 1절
- 애플 주가 데이터

2010년 1월 1일부터 2020년 8월 11일까지 애플 주식 가격 데이터(USD)

https://finance.yahoo.com/quote/AAPL/history?period1=1262304000&period2=1597104000&interval=1d&filter=history&frequency=1d

12장 2절
- Weather time series 데이터셋

Recorded by the Max Plank Institute for Biogeochemistry.

https://www.bgc-jena.mpg.de/wetter/